北京品牌农业发展研究

桂琳　王鸿　许爽　赵浩森◎著

中国商务出版社
·北京·

图书在版编目（CIP）数据

北京品牌农业发展研究 / 桂琳等著. -- 北京 ： 中国商务出版社，2025. -- ISBN 978-7-5103-5615-5

Ⅰ．F327.1

中国国家版本馆CIP数据核字第20251DG439号

北京品牌农业发展研究

BEIJING PINPAI NONGYE FAZHAN YANJIU

桂琳　王鸿　许爽　赵浩森　著

出版发行：中国商务出版社有限公司
地　　址：北京市东城区安定门外大街东后巷 28 号　　邮编：100710
网　　址：http://www.cctpress.com
联系电话：010-64515150（发行部）　　010-64212247（总编室）
　　　　　010-64243016（事业部）　　010-64248236（印制部）
策划编辑：刘文捷
责任编辑：刘　豪
排　　版：德州华朔广告有限公司
印　　刷：北京建宏印刷有限公司
开　　本：710 毫米 × 1000 毫米　1/16
印　　张：11.75　　　　　　　　　　字　　数：168 千字
版　　次：2025 年 7 月第 1 版　　　　印　　次：2025 年 7 月第 1 次印刷
书　　号：ISBN 978-7-5103-5615-5
定　　价：78.00 元

前 言

在数字经济浪潮席卷全球的今天，首都农业正经历着前所未有的深刻变革。《北京品牌农业发展研究》的诞生，恰逢传统农业向现代农业转型的关键时期。这座千年古都的田野间，正悄然书写着科技赋能、品牌引领的现代农业新篇章。 北京农业的转型之路承载着多重使命：在超大城市空间格局中寻求生态平衡，在有限耕地资源里创造更高价值，在消费升级趋势下满足品质需求。北京市农业农村局以创新思维破局，将区块链溯源、大数据营销、物联网管理等数字技术融入农业生产全链条，使"京"字号农产品插上科技之翼。这种探索不仅重塑着农业产业形态，更构建起都市现代农业的"北京范式"。 本项研究立足首都功能定位，通过田野调查与数据分析相结合的研究方法，系统梳理了大兴西瓜、怀柔板栗等地理标志产品的品牌化路径，还深入生产基地，访谈新型经营主体，从品牌生产企业和消费者消费行为两个角度分析了品牌农业的发展现状。这些发现为破解农产品溢价难题、实现乡村产业振兴提供了理论支撑。 在此特别感谢北京市数字农业促进中心品牌科李征、赵浩森、马越、张卫国等同志在数据方面及调研过程中的支持，正是他们构建的农业大数据平台为本研究提供了精准的数据支撑。研究生崔燃燃、杨冰、韩云静、宋英杰、崔子瑶、郑徐萌等青年学者在案例采集和数据分析中展现出的专业素养，让这项研究既扎根田野又充满创新活力。他们的努力让我们看到，新时代农业品牌建设需要产学研的深度融合，更需要青年力量的智慧注入。当京郊大地升起智慧农业的曙光，当田间地头的优质产品贴上数字身份证，北京农业正在开辟一条科技赋能、品牌增值的特色发展道路。这项研究既是阶段性的总结，更是新征程的起点，期待它能成为推动首都现代农业高质量发展的思想引擎。

作者

2025 年 3 月

目 录

第一章　北京品牌农业发展背景与意义

一、品牌农业发展的背景

随着全球化进程的加速和消费者需求的多样化升级，品牌农业已成为现代农业发展的重要趋势。作为中国的首都，北京在品牌农业的发展上不仅承载着推动农业现代化的重任，也面临着提升农产品竞争力、促进农业可持续发展的新挑战。

（一）农业转型的必然趋势

在全球化和信息化的宏大背景下，现代农业正经历着一场前所未有的深刻转型。这一转型不仅体现在农业生产方式的变革上，更深刻地反映在农业发展理念、产业结构、市场导向以及国际竞争力等多个维度。具体而言，现代农业正逐渐从过去的数量扩张型模式，即单纯追求农产品产量的增加，转向质量提升型模式，即更加注重农产品的品质、安全、营养及消费者体验。同时，农业生产也从单一的种植或养殖环节，向全产业链发展延伸，其涵盖了从种子研发、生产种植、加工流通到市场销售、品牌塑造的各个环节，形成了紧密相连、协同发展的产业生态。

在这场转型中，品牌农业以其独特的魅力脱颖而出，成为推动农业转型升级的重要力量。品牌农业，顾名思义，是指通过品牌建设提升农产品的附加值、市场竞争力和品牌形象，进而实现农业增效、农民增收和农村繁荣。品牌农业的核心在于品质、特色和信誉，它要求农业生产者不仅关注产品的生产环节，更要注重产品的文化内涵挖掘、品牌故事的构建以及市场营销策略的制定。通过品牌化运作，农产品能够更好地满足消费者日益多元化的需求，提升市场占有率和消费者忠诚度，从而实现农业的高质量发展。

北京，作为中国的政治、文化、国际交往和科技创新中心，其农业发展具有得天独厚的优势和独特的定位。一方面，北京拥有丰富的科技资源、人才资源和市场资源，为农业科技创新、品牌建设和市场拓展提供了坚实的基础。另一方面，北京作为国际化大都市，其农业发展必然要与国际接轨，遵循国际农业发展的先进理念和标准，走品牌化、高端化、特色化的发展道路。

（二）消费需求升级的客观要求

在经济社会快速发展的浪潮中，人民生活水平的显著提升与消费观念的深刻转变，正共同驱动着农产品市场需求结构的根本性变革。昔日，消费者对于农产品的需求主要聚焦于满足基本温饱；而今，这一需求已远远超越了简单的数量满足，转而向营养健康、安全放心、品质优良等多元化、高层次方向升级。这一转变，不仅体现了消费者对生活品质的不懈追求，也映射出社会整体进步与消费升级的必然趋势。

品牌农业，作为现代农业发展的高级形态，正是在这样的市场背景下应运而生，并迅速崛起为满足消费者多元化需求的重要力量。品牌农业以其严格的质量控制体系为基石，从生产源头抓起，确保农产品的每一个环节都符合高标准、严要求，为消费者提供安全、健康的食品选择。同时，品牌农业深入挖掘农产品的文化内涵，通过讲述品牌故事，赋予农产品独特的情感价值与文化认同，满足了消费者对于精神层面的深层次需求。此外，优质的售后服务也是品牌农业不可或缺的一环，它极大地增强了消费者的信任感与忠诚度，进一步巩固了品牌的市场地位。

作为拥有2 183.2万常住人口的超大城市，北京有着巨大的农产品消费市场。为满足首都居民健康、绿色、多元化的消费需求，一些农业企业将"应时""取宜""守则""和谐"等传统农耕文化元素应用到农产品的生产过程中，坚持遵循古法养护土地，不违农时、不扎大棚，顺应时节，生产优质农产品。如春播科技有限公司，遵循有机生产标准，不使用化肥、农药等化学制剂，利用天敌防治、手工捉虫等方式进行植保，生产优质有机蔬菜和水果。一些农业企业将传统农耕文化强调的人与自然和谐、变废为宝的循环观念，应用到农业生产中，采用"资源—产品—废弃物—再生资源"的循环生产方式，实现资源的循环利用。如洼里博物·特色乡居楼利用养殖基地产生的农家肥供应种植基地，生产有机蔬菜、野菜、水果，来供应乡居楼农家餐饮。据统计，北京市居民人均可支配收入连续多年稳居全国前列，2024年更是达到了新的高点，中高收入人群占比显著高于全国平均水平。这一群体对农产品的需求尤为挑剔，他们不仅追求农产品的口感与营养，更注重其品牌、安全与健康属性。根据北京市农业农村局发布的数据，北京市农业市场年产值已经达到500亿元，并且每年还在以约10%的速度稳健增长，为品牌农业的发展奠定了坚实的市场基础。

在北京市场上，品牌农业的优势得到了充分展现。北京市农林牧渔业总产值在2024年达到了255.7亿元，比上年增长1.7%。其中，农业种植业产值达139.6亿元，增长2.8%，显示出种植业在品牌农业中的核心地位。林业、牧业和渔业也分别实现了不同程度的增长，共同构成了北京市农业多元化的产业结构。特别是在粮食生产方面，2024年北京市粮食播种面积达141.3万亩，比上年增长5.3%，粮食总产量达57.6万吨，增长20.6%，这不仅保障了北京市的粮食安全，也为品牌农业提供了优质的原材料。

同时，北京市在蔬菜产业高质量发展方面也取得了显著成效。2024年，蔬菜产量达到202万吨，设施蔬菜占比超过50%，有效提升了蔬菜的品质和产量。尽管受城市化发展的影响，水果种植面积和产量有所下降，但北京市仍通过优化种植结构和提高种植效率，保持了水果产业的稳定发展。

在畜牧业方面，北京市也实现了稳步增长。2024年，生猪出栏量达到32.9万头，增长2.3%，禽蛋生产也有显著增长，带动了牧业产值的提升。此外，设施农业的效率和质量也在不断提升，乡村旅游恢复明显，都市农业呈现出良好的发展态势。

这些数据充分展示了北京市农业在近年来取得的显著成就，以及在不同领域内的具体表现。通过持续的结构调整和科技创新，北京市农业正朝着更加高效、绿色、可持续的方向发展。

（三）农业可持续发展的内在需求

在当今全球范围内，资源环境约束的加剧已成为一个不容忽视的严峻现实。随着人口增长、工业化进程加速以及消费模式的转变，自然资源的过度开发与环境污染问题日益凸显，对农业生产的可持续性构成了严峻挑战。在此背景下，农业可持续发展作为全球共识应运而生，它强调在满足当代人需求的同时，不损害后代人满足其需求的能力，力求实现农业生态、经济和社会效益的和谐统一。品牌农业，作为这一理念的重要实践路径，通过推广绿色生产方式、提高资源利用效率、减少环境污染等创新举措，为全球农业的可持续发展注入了新的活力与希望。

作为资源相对匮乏的城市，北京在农业发展中面临着土地、水资源等自然资源有限的瓶颈，以及环境污染治理的紧迫任务。然而，正是在这样的背景下，发展品牌农业显得尤为必要且迫切。品牌农业不仅能够显著提升农产品的附加值，增强农产品的市场竞争力，还能通过优化资源配置、提高资源利用效率，促进农业资源的节约与高效利用，从而推动农业的可持续发展。

首先，品牌农业通过推广绿色生产方式，为北京农业的可持续发展奠定了坚实的基础。绿色生产方式强调在农业生产过程中减少化肥、农药等化学物质的投入，采用生物防治、有机肥料等环保措施，降低对土壤、水源等自然环境的污染。在北京这样资源紧缺的城市，推广绿色生产方式不仅能够保护有限的自然资源，还能提升农产品的品质与安全，满足消费者对绿色、健康农产品的日益增长需求。

其次，品牌农业通过提高资源利用效率，实现了农业资源的节约与高效利用。在北京，土地资源与水资源的稀缺性尤为突出。品牌农业通过科学规划种植结构、采用节水灌溉技术、实施精准施肥等措施，有效提高了土地与水资源的利用效率。同时，品牌农业还注重农业废弃物的资源化利用，如秸秆还田、畜禽粪便发酵等，实现了农业废弃物的变废为宝，减少了环境污染，促进了农业循环经济的发展。

最后，品牌农业通过减少环境污染，为北京农业的可持续发展创造了良好环境。但农业生产过程中的环境污染问题不容忽视，因为它直接影响农产品的品质与安全，也威胁着生态环境的健康。品牌农业通过严格控制农业生产过程中的污染物排放，加强农业环境监测与治理，有效改善了农业生态环境，为农产品的优质生产提供了有力保障。

二、北京品牌农业发展的意义

（一）提升农产品竞争力

品牌，作为农产品质量与信誉的集中体现，其背后蕴含的是复杂而深刻的市场逻辑与消费者心理机制。对于北京这一具有独特地理、文化与经济背景的都市型农业而言，品牌建设更是成为提升农产品竞争力、推动农业高质量发展的关键路径。

首先，品牌是农产品质量与信誉的市场信号。在信息不对称的市场环境中，消费者往往难以直接判断农产品的内在品质与价值。而品牌，作为一种质量承诺与信誉保证，成为消费者选择农产品的重要依据。北京农产品通过品牌建设，能够将其在生产过程中的质量控制、绿色生态理念、文化传承等核心要素凝练成独特的品牌形象，传递给消费者清晰而强烈的质量与信誉信号。这种信号机制不仅增强了消费者对北京农产品的信任与认可，也为其在激烈的市场竞争中赢得了消费者忠诚度与良好口碑。

其次，品牌建设促进了北京农产品独特品牌形象与市场定位的形成。在农产品同质化趋势日益明显的当下，如何通过品牌建设实现差异化竞争，成为农业生产者面临的重要课题。北京农产品凭借其独特的地域特色、文化底蕴与生产技术，通过品牌建设成功塑造了一系列具有鲜明地域特色与文化内涵的品牌形象。这些品牌形象不仅提升了农产品的附加值与市场竞争力，也为其在国际农产品市场中赢得了独特的地位与声誉。

再次，品牌农业对于推动农产品的标准化生产、质量追溯体系构建以及品牌自身的持续创新与发展具有深远影响。标准化生产是品牌建设的基础，它确保了农产品在种植、养殖、加工等各个环节均符合既定的质量标准与操作规程。北京农产品通过品牌建设，推动了农业生产方式的转型升级，实现了从生产到销售的全链条标准化管理。同时，质量追溯体系的建立使农产品的生产流程、原料来源、质量检测等信息得以全程记录与追踪，为消费者提供了透明、可信的产品信息，进一步增强了品牌的信誉与竞争力。

最后，品牌农业的发展促进了农产品品质与安全性的持续提升。在北京农产品品牌建设的实践过程中，品质与安全始终被置于首位。为了维护品牌形象与市场份额，农业生产者不得不持续投入于产品研发、技术创新与质量管控，以确保产品始终保持在行业前沿。这种对品质与安全的极致追求，不仅满足了消费者对高品质农产品的迫切需求，也推动了整个农业产业的转型与升级，为北京农产品的市场竞争力提供了坚实的品质保障。

（二）促进农业产业升级

品牌农业的发展有助于推动农业产业链的延伸和整合，促进农业与二、三产业的融合发展。通过品牌建设，可以吸引更多的资本、技术和人才投入农业领域，推动农业产业结构的优化升级。同时，品牌农业还能够带动农产品加工、物流、销售等相关产业的发展，形成完整的产业链条和产业集群，提升农业的整体效益和竞争力。北京依托全国科技创新中心的优势，建设一批高科技农业园区，集中展示传统与现代交相辉映的生产技术和生产方式，以特色农业景观满足人们求新、求异、求知的需求，展现首都农业科技示范效应。2024年第十届北京农业嘉年华以"兴业、强村、惠民"为发展宗旨，以"丰禾大地，拾穗而歌"为诗意主题，全方位展示了现代农业的创新成果。活动亮点纷呈：60余项前沿农业科技集中亮相，包括太空育种、无土栽培等尖端技术；100多种优质特色农产品惊艳登场，涵盖草莓、蓝莓、菌菇等特色品种；更有来自全球10个国家和中国36个地区（含北京昌平区）的1 100余种农特产品及文创精品同台展销。这场农业盛会不仅让游客近距离感受现代农业科技的魅力，体验农耕文化的独特韵味，更为首都农业高质量发展探索了创新路径，搭建了国际交流合作平台。

（三）增加农民收入

品牌农业的发展有助于提升农产品的附加值和市场价格，从而增加农民的收入。通过品牌建设，农民可以获得更高的销售收益和品牌溢价，提高农业生产的经济效益。此外，品牌农业还能够带动农村旅游、休闲农业等新兴产业的发展，为农民提供更多的增收渠道和就业机会。

（四）推动农业国际化进程

品牌农业的发展有助于提升北京农产品的国际知名度和竞争力，推动农业国际化进程。通过品牌建设，北京农产品可以更好地融入全球市场，参与国际竞争和合作。同时，品牌农业还能够促进农业技术的国际交流与合作，引进先进的农业技术和管理经验，提升北京农业的国际竞争力。

（五）促进农业文化传承与创新

品牌农业的发展有助于挖掘和传承农业文化遗产，推动农业文化的创新与发展。北京作为历史文化名城，拥有丰富的农业文化遗产和民俗风情。通过品牌建设，可以将这些独特的文化资源融入农产品中，形成具有地方特色的品牌文化，提升农产品的文化内涵和附加值。同时，品牌农业还能够推动农业文化的创新与发展，为农业文化的传承注入新的活力。北京悠久的农耕文化为京郊乡村旅游的发展提供了得天独厚的优势。京郊乡村旅游在"吃农家饭、住农家院、赏农家景、干农家活，享民俗风"为主要内容的基础上，将一些传统农耕文化符号融入特色乡村旅游发展中。如以"京西乡愁"为主要卖点的北京谷山村农耕文化园，自2018年升级改造以来，已累计接待游客超过120万人次。文化园将传统农业生产工具和加工方式进行重塑和还原，举办特色农耕文化节，打造出酱醋坊、豆腐坊、榨油坊等传统十二工坊和农耕文化博物馆。如洼里博物·特色乡居楼利用距北京城区较近资源优势，打造集果蔬种植、观光采摘、科普教育、农事体验、文化娱乐于一体的都市休闲农业园，园区创建的乡村民俗体验教育基地，与各个学校联合开展亲子活动和社会活动，在园区进行社会大课堂教育，使学生达到五谷分、四体勤。开设的五谷八卦体验园，利用春华秋实的农耕乐趣，增加现代都市人对农业知识和传统农艺的了解和热爱，进一步加强城乡互动。品牌农业通过静态的观光展览与动态的参与体验，满足游客回味乡愁的精神诉求，丰富京郊乡村旅游的文化内涵。

第二章　品牌农业研究的理论基础

一、品牌农业的内涵解析

（一）概念界定与核心要素

1.农产品品牌

农产品品牌是指用于标识农产品来源、品质、特色等信息的商业名称、标志、图案等，赋予生产出来的农产品一定的特殊标识，是农产品品质和服务的外在表现。农产品品牌可以分为以下几类：

（1）区域公共品牌

这类品牌通常基于特定的自然资源、种植养殖技术或加工工艺，经过长期积累和优化而形成，是区别于市场上同类竞争产品的农产品标识。

（2）企业品牌

企业品牌是由某家企业组织或个人独自拥有的，传达的不仅是企业的经营理念，还包括企业文化、企业价值观念及对消费者的态度，具有明显的竞争性和排他性。

（3）产品品牌

产品品牌是只聚焦于某种产品，是企业品牌的一部分，是企业经营战略实现的重要载体，其品牌打造更多考虑到该产品本身的发展及所在行业的发展趋势。

2.品牌农业

品牌农业是以现代科技体系为基础，以商品化生产为前提，通过整合生产、科研、流通和服务等环节构建的具有市场影响力的农业经营形态。品牌农业属于农业现代化发展的系统性工程，其涵盖生态农业、有机农业、休闲农业等新兴业态，通过整合生产、流通、服务全产业链实现产业升级。其本质是通过标准化生产、科技创新和品牌化运营推动传统农业转型。与农业品牌相比，它更多强调中观层面的产业形态变革，涉及政府政策引导、区域协同发展和国际竞争力培育等维度。其核心要素包含以下三个维度：

（1）品质保障

围绕农业生产全链条建立覆盖产地环境、投入品使用、种植/养殖规程、采收加工等环节的技术标准，以标准化生产体系和全程质量控制为支撑，实现农产品从田间到餐桌的品质稳定性。

（2）价值溢价

突破传统物理属性框架，构建包含地域文脉、生产工艺与消费伦理的区域农产品品牌系统，并通过与标准化生产、质量追溯系统的协同作用，形成"品质信号—文化赋能—溢价兑现"的良性循环，通过品牌农业的建设形成市场识别度，提升消费者支付意愿弹性阈值，从而突破传统价格天花板。

（3）文化赋能

深度融合地域特色、农耕传统等文化基因，构建差异化的品牌叙事体系，并遵循"文化解码—价值重构—市场溢价"的演化路径，借助文化认同的认知图式重构消费者价值评估模型，使农产品突破功能性消费的定价逻辑。

（二）形成机制与特征分析

品牌农业以农业技术和消费者需求为核心驱动力，通过数据采集、分析与应用重构农业供应链，实现农业管理活动的精准化、智能化和生态化，主要形成机制包括以下几点：

（1）技术驱动的营销范式革新

数字化营销依托大数据、人工智能、物联网等技术，将传统营销的单向信息传递转化为双向互动。例如，通过用户行为数据分析构建需求预测模型，实现广告投放的实时优化与个性化推荐。区块链技术则通过不可篡改的溯源体系增强消费者信任，尤其适用于农产品等非标品的品质验证。

（2）全链路数据贯通与价值挖掘

在农业领域，品牌农业贯穿生产端到消费端的全链条：生产环节的传感器数据（如土壤湿度、光照强度）用于产品故事化包装；物流环节的温湿度监控数据转化为品质保障标签；消费端的用户评价数据反哺产品迭代。

（3）营销主体的角色重构

品牌农业改变了生产者、渠道商与消费者的关系。生产者通过直播电商直接触达消费者，削减中间环节成本（交易成本理论的应用）；消费者则从被动接受者转变为内容共创者，如通过UGC（用户生成内容）影响品牌口碑传播。

（4）营销目标的扩展与深化

传统营销以销量增长为核心目标，数字化营销更注重长期价值：通过用户画像构建私域流量池，实现客户生命周期管理；通过情感化内容营销提升品牌忠诚度；通过社会责任数据（如碳足迹追踪）塑造可持续品牌形象。

二、理论基础

（一）品牌权益五星模式理论

品牌作为企业的无形资产，是衡量企业发展能力的重要指标，企业的品牌知名度越高，则企业内在的发展潜力越大。大卫·艾克在总结前人理论的基础上，着重对品牌权益进行研究，于1991年提出品牌权益五星概念模式，认为品牌价值主要由品牌知名度、品牌认知度、品牌忠诚度、品牌联想度和其他专有品牌资产5部分构成（如图2-1）。品牌知名度是指消费者对品牌的记忆程度，包括最直观的品牌识别，消费者对品牌的回忆度和更深层的第一提及知名度；品牌认知度是指消费者对品牌是否具有更深入的了解，如是否清楚品牌的内涵、品牌背后的故事，具有高度认知好感的品牌能够为消费者购买提供充分的理由；品牌忠诚度是长时间以来消费者对品牌形成的认可和依赖程度，消费者对品牌是否忠诚是在漫长的时间里逐渐形成的，消费者的品牌忠诚度一旦提高，品牌的发展将会步入成熟阶段；品牌联想是指消费者在看到某一品牌时，能够从他的回忆中唤起对品牌的感觉、经验、评价、品牌定位等，品牌联想包括品牌正面联想和品牌负面联想，如消费者在看到华为品牌之后就会想到手机、质量过硬、5G时代、民族主义情怀等各种具有标志性的词语，这是消费者对品牌的正面联想，如消费者看到三鹿品牌，首先想到的是三聚氰胺事件、危害健康等词语，属于严重的品牌负面联想。

大卫·艾克的品牌评价五星理论中五个要素是相辅相成的，任何一种要素都无法作为一个独立个体而存在。品牌忠诚度是品牌最核心的要素，品牌的存在就是为了获得消费者的忠诚购买，企业才能够达到营利的目的，才能够长久地生存下去。其他四个要素属于层层递进的关系，但共同的目标都是为了建立消费者对品牌的忠诚度。其中品牌知名度、品牌认知度和品牌联想是代表顾客对于品牌的知觉和反映，品牌知名度有利于品牌认知度和品牌联想的建立。

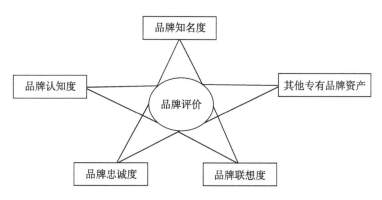

图2-1 品牌权益理论

（二）农业产业链整合理论

农业产业链整合理论在农产品品牌数字化营销领域呈现出独特的运作模式与显著成效。从纵向整合视角来看，数字化营销构建起了"生产端—平台—消费者"的短链模式。以往农产品从生产到消费者手中，往往需要经过多级中间商的层层周转，这不仅拉长了供应链长度，还增加了产品损耗与成本，压缩了农户的利润空间。以"社区团购＋产地直采"模式为例，社区团购平台直接与农产品产地建立合作，从源头采购农产品，跳过了诸多中间流通环节。这种模式使得农户能够直接对接终端消费市场，一方面，减少了中间环节的利润截留，让农户能够获得更高的销售价格，提升了利润空间；另一方面，消费者也能够以相对较低的价格购买到新鲜的农产品，实现了农户与消费者的双赢。

从横向整合层面来看，数字化技术发挥着重要作用，突出表现为跨区域农产品资源的协同调配。云计算技术在全国性仓储网络布局优化中起到了核心作用。通过对海量市场数据、物流信息以及农产品产销情况的分析，云计算能够精准规划仓储位置与规模，实现农产品在不同区域间的合理调配。当某一地区农产品供应短缺时，能够迅速从其他库存充足的地区进行调配，避免了因区域供需失衡导致的价格大幅波动与资源浪费，提高了农产品产业链的整体运营效率，增强了农产品品牌在全国市场的竞争力与稳定性，推动了农产品品牌数字化营销在更广泛地域范围内的有效开展。

（三）平台经济理论

平台经济理论深入阐释了农产品电商平台在数字化营销中的独特地位与运行机制。农产品电商平台作为典型的双边市场，一端连接着农产品生产者，另一端连接着广大消费者。其运行依赖于强大的网络效应，这种网络效应能够形成一种正向循环。当平台刚刚起步时，为了吸引用户，平台通常会采用补贴策略，如针对新用户推出优惠活动。这些优惠措施能够有效降低消费者的尝试成本，吸引大量消费者入驻平台。随着消费者数量的不断增加，平台的流量与活跃度大幅提升，这对于农产品生产者而言具有极大的吸引力，更多的生产者愿意入驻平台销售产品。

众多生产者的加入进一步丰富了平台的产品种类与供应规模，为消费者提供了更多的选择，从而吸引更多消费者前来购物。如此循环往复，平台的规模不断扩大，市场影响力持续增强。在这个过程中，头部平台如拼多多、抖音电商凭借先发优势与持续的策略优化，积累了庞大的用户群体与丰富的商家资源，逐渐形成了垄断竞争格局。它们在市场中拥有强大的支配力，能够制定行业规则、影响产品价格走势以及塑造消费者的购物习惯。这种平台经济模式为农产品品牌提供了广阔的展示与销售空间，同时也加剧了品牌间的竞争，促使农产品品牌不断提升产品质量与营销水平，以在平台竞争中脱颖而出，借助平台优势实现品牌的数字化营销与推广。

（四）技术接受模型

技术接受模型（TAM）对于理解消费者在农产品品牌数字化营销中的行为具有重要指导意义。在数字化营销环境下，消费者对数字化工具的接受程度直接影响着农产品品牌的推广效果。消费者对数字化工具的感知有用性和感知易用性是决定其是否接受并使用这些工具的关键因素。

感知有用性方面，如在农产品线上销售过程中，消费者如果认为通过数字化平台购买农产品能够节省大量时间，无须再前往传统农贸市场或超市进行选购，并且能够获取更丰富的产品信息与更多的选择，那么他们对该数字化工具的感知有用性评价就会较高，从而更愿意使用该平台进行农产品采购。反之，如果消费者觉得线上购买农产品在时间成本上并无优势，或者难以获取准确的产品质量信息，那么他们对该数字化工具的接受度就会降低。

感知易用性同样至关重要。以农产品电商平台的操作界面为例，如果界面设计复杂，操作流程烦琐，对于一些消费者尤其是中老年群体而言，可能会产生较大的使用障碍，导致他们抵触使用该平台进行自助下单。为了提升消费者对数字化工具的采纳率，平台需要从用户体验角度出发，简化操作流程，引入如语音助手等便捷功能。语音助手能够帮助不熟悉文字输入或对操作界面感到困惑的消费者轻松完成下单过程，提高其对平台的感知易用性，进而增强消费者对农产品品牌数字化营销工具的接受度，促进农产品品牌在数字化渠道上的推广与销售。

（五）社会网络理论

社会网络理论深刻揭示了社交媒体在农产品品牌数字化营销中的强大影响力。在社交媒体环境中，口碑传播与意见领袖效应发挥着关键作用，显著影响着消费者对农产品的购买决策。

口碑传播是消费者之间基于真实体验的信息分享，具有较高的可信度与说服力。当消费者购买并体验了某一农产品后，如果对产品质量、口感等方面感到满意，他们很可能会在社交媒体平台上分享自己的使用感受与评价。这些正面评价会在消费者的社交圈子中迅速传播，引发其他潜在消费者的关注与兴趣。例如，消费者在朋友圈分享自己购买的某品牌有机农产品的美味体验，其好友看到后可能会对该品牌产生好奇并尝试购买。

意见领袖在农产品品牌推广中更是具有独特的价值。关键意见领袖（KOL）通常在特定领域拥有大量的粉丝与较高的影响力，他们的推荐与评价能够对粉丝的消费行为产生重要的引导作用。在农产品品牌数字化营销中，KOL通过直播带货等形式，向粉丝详细介绍农产品的特点、优势以及使用方法。KOL与粉丝之间存在着信任关系，这种信任能够通过直播过程传递给消费者，激发粉丝的从众消费行为。特别是在区域公用品牌推广方面，KOL能够利用自身的影响力，将具有地域特色的农产品推向更广泛的受众群体，提升区域公用品牌的知名度与市场认可度，促进农产品的销售与品牌价值的提升。

（六）数字鸿沟理论

数字鸿沟理论在农产品品牌数字化营销中不容忽视，它反映了不同群体在数字化技术应用能力与机会上的差异。在农产品数字化营销领域，数字鸿沟主要体现在不同年龄、地域以及经济发展水平群体之间。

从年龄维度来看，年轻群体通常对数字化技术接受度高，熟悉各种线上购物平台与营销工具的使用，能够迅速适应农产品品牌数字化营销的模式。他们可以轻松地在电商平台上浏览、比较并购买农产品，积极参与品牌互动活动。然而，中老年群体由于对新事物的接受速度相对较慢，对数字化工具的操作不熟练，在农产品数字化营销过程中可能面临诸多障碍。如前文所述，他们可能因电商平台界面复杂、操作流程烦琐而抵触自助下单，难以充分享受农产品品牌数字化营销带来的便利。

地域差异同样显著。城市地区网络基础设施完善，消费者能够便捷地接入互联网，接触到丰富的农产品数字化营销信息，参与线上购物活动。而一些农村偏远地区，因网络覆盖不足，网络速度较慢，限制了当地居民对农产品数字化营销的参与度。当地农户也难以借助数字化手段将农产品推向更广阔的市场。

经济发展水平不同也导致数字鸿沟的存在。经济发达地区消费者拥有更多的可支配收入用于购买数字化设备，并且能够承担相对较高的网络费用，在农产品数字化营销中更具优势。而经济欠发达地区消费者可能因经济条件限制，无法充分利用数字化工具参与农产品的购买与品牌互动。这种数字鸿沟的存在制约了农产品品牌数字化营销的全面推广与均衡发展，需要通过针对性的策略，如开展针对中老年群体的数字化培训、加强农村地区网络基础设施建设等，来缩小数字鸿沟，促进农产品品牌数字化营销在更广泛群体中的有效实施。

（七）品牌价值理论

品牌价值理论是品牌管理和营销领域的一个重要概念，涉及品牌如何通过其名称、标志、产品质量、服务、价格、市场表现等因素，为消费者提供价值，以及这些价值如何影响品牌的市场表现和消费者行为。

品牌价值是指消费者对品牌的认知、情感和信任的总和，包括品牌的知名度、美誉度、忠诚度等多个方面。品牌价值的高低取决于消费者对品牌的感知和认同，以及品牌在市场上的表现。

品牌价值主要由品牌知名度、品牌美誉度和品牌忠诚度三个要素构成，其中，品牌知名度是指消费者对品牌的认知程度，包括品牌的名称、标志、口号等。品牌美誉度是指消费者对品牌的评价和认可程度，包括产品质量、服务、价格等方面。品牌忠诚度是指消费者对品牌的信任和偏好程度，包括消费者的购买意愿、口碑传播等方面。

在提升品牌价值方面，一要提高产品质量，产品质量是品牌价值的基础，只有产品质量过硬，才能赢得消费者的信任和认可；二要提供优质服务，优质的服务能够增强消费者的购买体验，提高消费者的满意度和忠诚度；三要创新营销策略，通过创新的营销策略，提高品牌的知名度和美誉度，吸引更多的潜在消费者；四要强化品牌形象，通过广告、公关等手段，塑造独特的品牌形象，提高消费者对品牌的认同感和归属感；五要持续改进，不断改进产品和服务，满足消费者的需求和期望，提高消费者的满意度和忠诚度。一个具有高品牌价值的品牌通常能够在市场上获得更高的市场份额和更大的竞争优势。这是因为消费者更倾向于选择具有高品牌价值的品牌，从而增加了该品牌的销售量和市场份额。保护品牌价值需要从多个方面入手，包括加强品牌管理和保护、确保产品质量和服务水平、加强知识产权保护、打击假冒伪劣产品等。

品牌价值理论强调了品牌在消费者心中的认知、情感和信任的重要性，以及这些因素如何影响品牌的市场表现和消费者行为。通过提升品牌价值，企业可以在竞争激烈的市场中占据有利地位，实现可持续发展。

第三章　北京品牌农业发展现状

一、北京品牌农业的定位

（一）生态屏障功能强化与绿色价值转化

北京依托"三屏五河多廊道"生态网络建设，在首都生态涵养战略框架下构建起"空间优化—循环治理—价值变现"三位一体的绿色发展体系，现已形成910平方千米绿色隔离带，有效遏制城市蔓延式扩张。北京农业承担着首都生态屏障的核心功能，2024年全市森林覆盖率提升至45.2%，湿地保护率突破65%。百万亩造林工程创新实施林菌、林药复合种植模式，在怀柔、密云等生态涵养区形成3.8万公顷复合经营基地，年产生态产值38亿元，占林业总产值的59%。通州潞城蔬菜基地构建"湿地＋种植"生态系统，试验田水质净化效率提升40%，生物多样性指数较传统农田提高2.3倍。

碳汇交易机制实现生态资产转化。怀柔板栗林碳汇试点项目每吨交易价达80元，带动农户增收15%；昌平"光伏＋智慧温室"模式年减排二氧化碳1.2万吨，形成农业生产与碳中和的闭环系统。2023年北京市生态服务价值年值为4 040.70亿元，比上年增长11.8%；贴现值为13 250.10亿元，比上年增长8.6%。从构成生态服务价值年值的三部分看：直接经济价值334.91亿元，比上年下降4.8%，占生态服务价值的比重为8.3%，其中农林牧渔业总产值252.62亿元，按可比价格计算，比上年下降4.6%，主要是林业产值受2022年新一轮百万亩造林绿化工程收官高基数影响，比上年下降23.6%；间接经济价值1 282.24亿元，比上年增长46.5%，占生态服务价值的比重为31.7%，主要是旅游总收入比上年增长1.3倍，带动文化旅游服务价值增加；生态与环境价值2 423.55亿元，比上年增长1.5%，占生态服务价值的比重为60.0%，主要是湿地面积增加带动气候调节价值增长。

（二）文化传承功能深化与品牌价值重塑

北京品牌农业文化传承定位植根于千年农耕文明，在首都功能战略框架下构建起"历史基因活化—文化IP创新—科技赋能增值"三位一体的发展范式。作为中国农耕文化活态传承的核心承载区，北京依托先农坛"亲耕耤田"制度遗存，将皇家农业礼仪转化为现代品牌文化符号，在昌平草莓节创新推出"帝王春耕"体验项目，通过复原明代《耕织图》场景，使传统农事仪式转化为年接待50万人次的沉浸式文旅消费场景。怀柔板栗品牌深挖千年种植历史，联合故宫文创开发"栗香御膳"主题礼盒，将《天工开物》记载的糖炒技艺与慕田峪长城文化融合，衍生出速冻栗仁、栗子慕斯等20种深加工产品，文化附加值占比达40%，其老栗树聚源德种植专业合作社更通过国际公平贸易认证，将明代军屯文化嵌入全球价值链。

品牌农业的文化内核建构呈现双向发力特征：一方面激活物质文化遗产，海淀西山修复清代御稻种植系统，使"京西稻"传统品种亩产价值突破2万元，较普通稻米溢价300%；另一方面创新非物质文化遗产转化路径，"京一根"粉条品牌将同治年间无明矾工艺与现代无菌车间结合，通过10道工序改良实现非遗技艺产业化，产品扫码溯源系统可呈现138项传统工艺数据。这种文化基因的现代表达使北京农业品牌形成独特的辨识度，2024年全市地理标志产品溢价率突破45%，平谷大桃通过区块链溯源技术对接欧盟GLOBAL G.A.P认证，出口单价达128元/斤，其衍生的桃木雕刻工艺品进驻SKP等高端商场，单件售价超万元。

科技创新成为文化传承的关键赋能器。平谷"农业中关村"构建"博士农场"模式，将先农坛测土配方技术与现代分子育种结合，培育出富含花青素的"紫禁御稻"，亩产值较传统品种提高4倍。大兴西瓜基地应用智能分选设备，使商品果率从65%提升至92%，同时植入《燕京岁时记》记载的贡瓜文化，开发出"御园甜蕴"高端子品牌。通州蔬菜加工园创新"中央厨房＋社区终端"模式，将《饮膳正要》元代宫廷食谱转化为58种预制菜品，毛利率提高 25 个百分点。这种"科技考古"式的创新使传统农耕智慧焕发现代活力，2024 年农业科技贡献率达 89%，文化元素在产品溢价中的直接贡献率提升至 38%。

品牌传播体系凸显首都文化特质。依托中轴线申遗工程打造的北京构建"一核三带"农耕文化传承体系：皇家农耕文化核，海淀西山修复清代御稻遗址，复原"京西稻"传统种植技艺；长城农耕文化带，延庆打造"古堡＋梯田"景观，重现明代军屯农耕场景；运河农耕文化带，通州建设漕运文化体验园，活化运河码头仓储技艺；永定河农耕文化带，大兴建立桑基鱼塘非遗工坊，传承江南移民耕作智慧。昌平区将明十三陵祭祀文化与草莓种植相结合，开发"金茎玉露"主题采摘园，游客可通过 AR 技术沉浸式体验明代皇家祭农场景。首农集团在 RCEP 框架下构建跨境冷链网络，其"京味农耕"体验馆进驻新加坡、东京等国际都市，通过数字孪生技术还原先农坛建筑群，实现文化展示与农产品销售的双向赋能。这种文化输出模式使北京农业品牌国际认知度提升至 72%，2024 年高端农产品出口额达 22 亿美元，其中 78% 为文化附加值产品。2024 年建成 17 个农业文化遗产活化利用示范基地，开发"京味农耕"研学课程体系，年接待中小学生实践教育超 50 万人次。昌平草莓节融合传统节气文化，创新推出"二十四节气农事体验"项目，游客参与度提升 85%。

（三）创新驱动与高附加值产业融合

北京品牌农业高附加值产业融合的定位以破解"大城市小农业"结构性矛盾为战略基点，通过"科技创新驱动—生态价值转化—文化赋能增值"三维联动机制，构建起服务首都核心功能的现代农业产业体系。其核心在于突破传统农业边界，将农业生产系统从单一经济功能拓展至生态涵养、文化传承、科技示范等复合价值维度，形成"都市农业＋"的新型产业模式。通过建立"产学研用"协同创新机制，推动分子育种、区块链溯源等前沿技术深度嵌入全产业链，实现生产要素的跨界重组与价值重构。在生态价值转化层面，依托"三屏五河多廊道"生态网络，创新碳汇交易、生态补偿等市场化机制，使生态资产转化为可量化的经济价值。在制度创新方面，执行全国最严质量认证框架，主导修订农业物联网国家标准，构建覆盖京津冀的生态补偿协同机制。品牌建设摒弃传统薄利多销思维，转向差异化、特色化发展路径，通过区域公用品牌整合与数字孪生技术应用，实现从产品溢价向生态溢价、文化溢价的跃迁。该定位最终指向构建城乡要素双向流动的现代产业体系，在保障超大城市农产品供给安全的同时，为全球都市农业可持续发展提供"北京方案"。

二、北京品牌农业的发展历程

（一）农业品牌发展初期（2006—2010年）

1.将品牌发展纳入年度计划，逐步推进并深化"三品一标"认证工作的实施

2006年，农业部印发《关于进一步推进农业品牌化工作的意见》（以下简称《意见》），这标志着我国的农产品正式步入品牌时代。《意见》提出推进农业品牌化，以龙头企业为依托，通过大力实施农业标准化，推进农业产业化，加快发展无公害农产品、绿色食品和有机农产品，鼓励农产品商标注册，开展名牌农产品评选认定，培育、做强做大一批特色鲜明、市场占有率高等的名牌农产品。2020年以前的"三品一标"指的是无公害农产品、绿色食品、有机农产品和地理标志农产品。现阶段农业"三品一标"包括农业生产和农产品种：农业生产"三品一标"指的是品种培优、品质提升、品牌打造和标准化生产；农产品"三品一标"指的是绿色食品、有机农产品、地理标志农产品和食用农产品承诺达标合格证。无公害农产品发展始于21世纪初，是在适应入世和保障公众食品安全的大背景下推出的，农业部为此在全

国启动实施了"无公害食品行动计划";绿色食品产生于20个世纪90年代初期,是在发展高产优质高效农业大背景下推动起来的;而有机食品又是国际有机农业宣传和辐射带动的结果。农产品地理标志则是借鉴欧洲发达国家的经验,为推进地域特色优势农产品产业发展的重要措施。北京市农业局在《北京市农业局2007年工作计划》中首次提出"实施生产督导制度,推进'三品'认证";2008年又在《北京市农业局2007年工作计划》中提出"实施认证与督导并举,继续加快"三品"基地认证步伐,实施田间督导制度,落实标准化生产";《北京市农业局2010年工作计划》中明确提出"实施农产品质量安全提升工程,打造首都安全放心农产品品牌",并提出"深化'三品一标'认证工作"。截至2010年底,北京全市共有1 083家企业3 770个产品有效使用"三品"认证标志,占全市主要食用农产品产量的35%。

2.特色农产品快速发展,品牌影响力逐步提高

在农业品牌发展成长期,北京市大力发展唯一性特色农产品,打造都市型现代农业品牌,对获得北京市著名商标与中国驰名商标的企业给予政策支持与奖励,企业品牌影响力不断提高,形成了一批具有总部经济特征的企业。截至2011年,国家工商行政管理局共认定中国驰名商标1 468件,其中北京市115件,涉农商标19件;北京市工商局共认定北京市著名商标411件,其中涉农商标112件。华都肉鸡、鹏程肉食、三元牛奶、汇源果汁、牵手果汁、燕京啤酒、牛栏山二锅头等品牌知名度不断上升,品牌价值超过1 000亿元。

(二)农业品牌发展成长期(2011—2015年)

1.打造安全农业品牌,明确品牌管理发展任务

2012年6月,北京市农村工作委员会、北京市发展和改革委员会以及北京市农业局三部门联合发布的《北京市"十二五"时期都市型现代农业发展

规划》中明确提出要加强农业品牌建设，推动都市型现代农业，并指出"发展积极培育高端、优质、安全的农产品加工制品，提高高端产品比例，发展一批在国内外市场具有较大潜力和市场占有率的名牌产品，打造首都农产品的品牌"。2013年开展了全市农产品地理标志资源普查工作，共有67个特色农产品入选《全国地域特色农产品普查备案名录》。2014年初北京市农业局在《北京市农业局2014年工作计划》中明确提出"打造安全农业品牌"。《北京市农业局2016年工作计划》指出加强以无公害农产品认证为重点的"三品一标"认证工作，"菜篮子"产品可认证主体"三品一标"认证率在年底达到45%。

2.逐步开展各区县农业品牌建设活动，丰富品牌内涵

为强化农产品品牌建设，促进农产品产销对接，在市农业农村局、市农委的大力扶持下，各区县围绕农业品牌的宣传推介活动也逐步开展起来，如西瓜节由北京市大兴区政府主办，办节宗旨为"以瓜为媒，广交朋友、宣传大兴，发展经济"，每年5月28日举行，自1988年推出首届西瓜节以来，截至2025年初，已成功举办了30届，已经发展成为北京的品牌活动。昌平区在2012年第七届世界草莓大会成功举办之后，截至2025年初，已连续举办了10届北京农业嘉年华，仅2019年活动期间，周边各草莓采摘园接待游客量达253万人次，销售草莓195万公斤，实现收入1.004亿元。有效带动延寿、兴寿、小汤山、崔村、百善、南邵6个镇的民俗旅游。2016年12月，首届密云农业品牌生活节开幕，围绕百年贡品黄土坎鸭梨、坟庄核桃、金叵罗小米以及雾灵湖有机鱼、燕山板栗、蔡家洼豆腐等200余个授权使用密云农业商标的密云特色农产品开展展示及品尝等活动，全面展示密云农业品牌，引导消费者关注密云、走进密云，提升密云农产品的品牌知名度与影响力，塑造密云农业品牌文化，增强市场竞争力，促进农业增效、农民增收。目前各区县陆续整合品牌资源，创建了密云农业、大兴农业、平谷鲜桃、房山磨盘柿、门头沟京西白蜜等十余种区域性品牌。

（三）农业品牌发展黄金期（2016年至今）

1.政府部门对品牌发展高度关注，相关政策纷纷出台

党的十八大以来，农业品牌建设受到高度关注，力度空前，进程加速，已由过去的以地方和企业创建为主，转变为政府强力推动、企业主动创建、社会积极参与的良好局面。2016年，国务院出台《关于发挥品牌引领作用推动供需结构升级的意见》，提出农业品牌建设路径。农业部将2017年确定为农业品牌推进年，召开了全国农业品牌推进大会，统筹推进农业品牌建设。北京市相关农业管理总站加强政策创设，通过印发指导意见和实施方案，建立品牌名录，纳入地方政府综合考核等措施，积极推进区域农业品牌发展。2017年北京市农业局起草下发《2017年北京市无公害农产品工作实施意见》，并在《北京市农业局2017年工作总结和2018年工作计划》中指出，2018年将继续"全面提升北京农业发展的质量效益，突出质量安全，促进农业优质化、特色化、品牌化发展"。北京市《市委农工委、市农委2018年工作思路和计划》中明确指出到2020年，打造名优品牌100个、优质品种200个、特优基地1 000个，"三品一标"农产品认证覆盖率达到75%，农产品质量安全监测抽检合格率达到98%，实现质量兴农、绿色兴农、品牌强农的目标。在《北京市"十三五"都市型现代农业发展规划》中，也明确提出要加强农业品牌建设，推动都市型现代农业发展。北京农业要挖掘特色、提升品质、做强品牌；北京农业不仅要体现"农"味，还要体现"京"味，真正让"京"字牌农产品畅销、热销。2017年北京市为响应中央"品牌强农"战略，实施农业品牌打造工程，旨在提升农业核心竞争力、促进农民增收和产业升级。2018年，北京市整合区域资源，正式推出覆盖全区域、全品类的市级农业区域公用品牌"北京优农"，并建立动态化管理的品牌名录，形成以区域公用品牌为引领的分级体系，截至2024年底，已累计认定"北京优农"品牌174个，覆盖北京13个涉农区，包括平谷大桃、大兴西瓜、昌平草莓等10个区域公用品牌、107个企业品牌以及57个产品品牌。初步建立

起值得信赖的农品牌体系和品牌集群，成为代表北京农业发展的新名片。

2.消费者更加关注农产品品牌，品牌推介活动也不断加强

近年来，随着消费理念从"消费产品"转变为"消费品牌"，越来越多的消费者通过品牌识别农产品，推动农产品品牌发展。北京很多地区逐渐形成品牌农业产业集群，成为区域经济重要发展力量，直接带动农业增效和农民增收。与此同时，消费者更加关注农产品及农业品牌，各种品牌推介活动也不断加强。2017年"北京农业好品牌""京郊农业好把式"宣传推介会在京召开，并首次遴选宣传推介包括各区推荐、专家评审、消费者参与、网络公开和媒体宣传等多个环节，在"北京农业好品牌"遴选过程中坚持从具有3年以上当地品牌，品牌主体3年内无违法违规经营记录、无农产品质量安全抽检不合格记录，品牌产品须获得"三品一标"及GAP认证中之一，品牌能够带动当地经济发展和农民增收、品牌能够有效带动当地农业生产经营组织化和规模化的水平提升等多个方面进行衡量，确保产品品牌质量。最终，共遴选出北京农业好品牌44个，其中包括平谷大桃、大兴西瓜、昌平草莓、昌平苹果4个农业区域好品牌，三元食品、顺鑫农业、北菜园、百年栗园、千喜鹤、德青源、金福艺农、绿奥、首诚、古船、天葡庄园、赵家场春华、燕都泰华、归原、裕农、中农富通、维得鲜、卓宸、天润园、燕都中原等20个农业好品牌，小汤山、沱沱工社、朵朵鲜、鑫城缘、绿富隆、宋宝森、沿特、黑山寨、淀玉、水云天、军都山、乐苹、太子峪绿山谷、格瑞拓普、蓝湖庄园、孙升、晓忠、北寨、花彤、聚源德等20个优质农产品好品牌。2018年又推出30个北京农业好品牌。2018年5月，北京市农业农村局产销办、全时集团、北京市农优站共同签署了"北京优农"战略合作协议，宣布三方将在"农超对接"、品牌建设以及市民下乡等方面展开合作。2022年"北京优农"区域公共品牌启动VI设计和宣传口号征集，以提升公众认知度。2024年，在北京市农业农村局的指导下，北京市数字农业农村促进中心携手北京青少年社会工作服务中心、各涉农区农业农村局、北京市邮政电子商务局及各区邮政分公司，为"北京优农"品牌企业搭建了电商销售平台，旨在通过创新的数字营销手段，为农产品打开更广阔的市场空间，促进农民增收。这次溯源直播活动是2024年"北京优农"品牌宣传推介的终场活动。全年累计举办了13场溯源直播活动和5场"北京农业在社区"主题公益特色市集活动。

三、北京品牌农业的发展特点

（一）以品牌驱动农业产业链重构，实现三产深度融合

1.地理标志认证：构建产业链延伸的标准化根基

截至2024年，北京市登记地理标志农产品达35个，涵盖果品（如平谷大桃、茅山后佛见喜梨）、粮油（京西稻）、畜禽（北京油鸡）等九大品类，其中果品类占比57%。通过《北京市地理标志农产品保护工程实施方案》，政府建立"标准生产+质量追溯"双体系：平谷大桃推行"气候品质认证"技术，实现甜度、硬度等12项指标数字化监测；大兴西瓜应用区块链溯源系统，消费者扫码即可获取种植周期、农残检测等全流程数据。标准化生产使北京地理标志农产品溢价率达40%～300%，2024年相关产业总产值突破800亿元。以佛见喜梨为例，北京市政府通过将其纳入地理标志保护工程，建立标准化种植体系与质量追溯机制，带动平谷区形成450亩核心产区，亩产提升20%的同时甜度突破22度，形成"鲜果销售+深加工+文旅体验"的复合产业链。通过打造"京味贡梨"文化IP，开发采摘观光、梨膏手作工坊等项目，2023年文化节期间带动周边餐饮民宿收入增长120%，实现农业与文旅产业的深度耦合。

2. 文化IP赋能：激活产业链增值的创新引擎

文化IP通过"历史叙事＋场景重构"提升产业附加值，推动农业向价值链高端攀升。北京市实施"农耕文化活化工程"，形成三类IP开发模式。

历史IP挖掘：以"清代贡品"重塑佛见喜梨品牌故事，通过非遗技艺展演、皇家园林联名礼盒等载体，2023年带动产品单价从15元/斤提升至68元/斤。

科技IP融合：首农集团打造"知翠"串收番茄品牌，依托智能温室构建"未来农业"场景叙事，直播活动中单日销售额突破91万元。

生态IP转化：洼里·特色香居楼通过"种养循环"模式，将有机种植与餐饮体验结合，实现亩均收益较传统模式提升5倍。文化赋能使北京品牌农业的消费黏性和文旅融合项目贡献农业总产值均得以提升。

（二）集聚创新要素，激活新质生产力

1. 科技驱动农产品结构优化升级：农业生产力焕发新活力

北京通过"生物技术＋数字技术"双轮驱动，重构农业生产体系。海淀区建成全国首个数字品种实验基地，应用环境调控机器人实现温湿度精准管理，使蔬菜种植周期缩短20%，产量提升22%。在平谷大桃主产区，区块链溯源技术覆盖率达85%，实现糖度、农残等12项指标实时监测，2024年出口合格率提升至98%。科技投入推动农业科技进步贡献率达89%，高于全国平均水平31个百分点。

2. 新品种构建差异化优势：特色农产品竞争力增强

北京通过实施"品种更新换代行动"，以科技创新为核心驱动力，推动种业从"产量导向"向"品质＋特色"双轮驱动转型。该行动以"研发转化—引进示范—推广应用"为主线，聚焦粮食作物、蔬菜和林果三大领域，2024年示范推广20个以上新品种，包括高产玉米"京科糯336"、功能性蔬

菜"紫快菜"等，覆盖种植面积2.4万亩，推动全市20%粮食种植面积实现品种迭代。在科技支撑层面，北京依托全国80%的国家级种业科研力量，运用分子标记、基因编辑等先进技术，创制出世界首个水稻全基因组芯片和全球最大的玉米品种标准DNA指纹库，并通过"金种子育种平台"实现商业化育种效率提升40%。在产业协同层面，北京构建"良种创制—成果托管—技术交易—良种产业化"全链条，吸引1 863家种业企业集聚，2024年种业销售额突破160亿元。

（三）重塑产业结构，构建都市型农业新业态

1. 政策驱动下的产业深度变革：都市型现代农业示范效应明显

从2014年开始，北京市调整农业产业结构，疏解北京养殖、兽药、饲料等畜牧企业30余家，引导企业和项目转移至河北、天津进行产业布局。北京农业正经历从传统生产型向功能复合型的根本性转变。2024年北京农业生产结构进一步调整，粮食播种面积和产量实现双增长，蔬菜产业高质量发展稳步推进，主要畜禽养殖规模整体有所增长，水果产量延续增长态势。设施农业种植结构有所调整，乡村休闲旅游持续向好，都市农业发展平稳有序。设施农业实现产值59.5亿元，亩均产值1.3万元，与上年同期持平。种植结构有所调整，蔬菜（含食用菌）生产有所下降，播种面积38.5万亩，下降7.2%；产量105.6万吨，下降5.8%。瓜果类生产小幅增长，播种面积为4.8万亩，增长5.4%；产量12.6万吨，增长3.5%。全市乡村休闲旅游接待2 286.5万人次，比上年增长3.5%，为近三年新高；实现收入35.9亿元，下降1.0%。在京津冀协同发展战略框架下，农业用地面积虽较2012年缩减32.22%，但土地产出效率实现指数级增长，2024年达1.2万元/亩，较全国平均水平高4倍。这种变化源于政策精准调控：牧业产值战略性收缩72.56%，腾退空间转向高附加值种植业与生态服务业；北京郊区依托当地特色种植产业、现代农业产业园区、"农文旅"融合业态等资源，实施农业科

技创新、高端农业融合，发展旅游观光、休闲度假、农事体验、科普教育、青少年拓展等"农文旅"产业通州植物工厂通过垂直栽培技术重构生产空间，单位面积产量达传统模式3倍，形成"移动式农业"新范式。

2.产业协同与价值延伸：低空经济驱动乡村经济多元化

北京市依托近年中央相关部门文件提出的"拓展低空技术应用场景"要求，将低空经济纳入现代农业与文旅融合发展的核心战略。延庆区作为北京低空技术产业先导区，通过空域开放、基础设施建设和政策试点，已聚集100余家无人机企业，2023年相关产业产值达23.3亿元。政府主导的"无人机+农业"标准化体系加速落地，如在农产品运输环节，延庆区试点无人机山区运输网络，实现深山农产品48小时内直达京津冀商超，运输成本较传统模式降低35%。

在制度保障方面，北京市创新"低空经济试验区"管理模式，推动无人机在农业植保、文旅体验、应急管理等场景的合规化应用。例如，延庆区建立全国首个低空经济安全监管平台，实现飞行计划审批效率提升80%，并同步完善农业无人机操作员资质认证体系，延庆区无人机企业联合合作社开发"农业无人机租赁服务"，农户可按需租用设备并接受技术培训，带动213户农户年均增收2.6万元；延庆玉渡山景区推出"低空观长城"项目，游客可乘坐无人机或轻型飞机俯瞰八达岭长城全貌，2024年该项目带动景区综合收入增长45%；房山区结合上方山香椿非遗工艺，设计"香椿采摘+低空摄影"体验线路，游客通过无人机航拍定制专属农耕文化短视频，带动衍生品消费占比提升至28%。

（四）培育产业集群，强化全域经济辐射力

1.以龙头企业引领产业链协同创新，打造产业集群

北京现形成"东部果品、南部蔬菜、西部杂粮"三大产业带，2024年农业全产业链产值突破1 200亿元，其中品牌农产品贡献率超60%。这种

"以牌聚链、以链促群"的发展模式，使北京农业土地产出率达1.2万元/亩，高于全国平均水平。并通过培育首农集团、京东农业等10家国家级龙头企业，构建"核心企业+中小企业"协同体系。首农集团在平谷大桃产业链中建立"品种研发—标准化种植—精深加工—冷链物流"全链条，带动12家合作社、45家家庭农场形成种植集群，2024年实现加工转化率78%，衍生出桃酒、冻干桃片等20种产品，深加工产值占比达25%。在这种模式下，龙头企业向中小企业输出区块链溯源、智能分选等23项技术，使产业集群内企业交易成本降低28%，技术成果转化周期缩短至12个月。同时联合中国农科院建设数字品种实验基地，应用环境调控机器人实现温湿度精准管理，使平谷大桃糖度标准差从1.2%降至0.5%，优果率提升至92%。在加工环节引进意大利果蔬分选线，实现糖度、重量分级自动化，高端果品出口合格率从85%提升至98%。北京市政府还对实施品牌授权的龙头企业给予30%设备购置补贴，推动全市农产品加工率从2020年的62%提升至2024年的78%。京东农业搭建"生产—流通"大数据平台，整合2 000个传感器实时监测数据，使大兴西瓜种植周期缩短12天，损耗率降低至5%。2024年通过该平台完成的订单占比达65%，带动产业集群内物流效率提升40%。

2. 区域集聚到跨域协同：空间溢出效应释放

北京农业产业集群形成"核心区—协同区—辐射区"三级空间结构。平谷大桃核心产区集聚48家加工企业，通过技术扩散带动河北兴隆县建设5 000亩标准化种植基地，产品执行统一气候品质认证标准，使协同区农户收入增长65%。在环京300千米半径内，形成3个跨区域产业协作示范区，2024年技术协同项目达120项，降低区域间技术壁垒成本约1.2亿元。新发地农产品批发市场建成万吨级冷链仓储中心，应用AI调度系统实现京津冀地区生鲜配送6小时达，物流成本降低28%。2024年通过该枢纽分拨的农产品价值超300亿元，占环京区域流通总量的42%。

（五）提升国际竞争力，打造首都农业新名片

1. 倡导国际认证：为国际市场提供通行证

截至2024年，全市35个地理标志农产品中，平谷大桃、茅山后佛见喜梨等12个产品已通过欧盟地理标志互认，出口单价较普通农产品高80%～150%。同步推进绿色食品认证，2024年全市绿色有机农产品产量较2020年增长110%，大兴西瓜、小汤山蔬菜等产品获得美国NOP、日本JAS认证，实现跨境溢价销售。这种标准化认证体系使北京农产品出口合格率达99.8%，远高于全国平均水平。

2. 构建全球文化符号：从地域特产到国际IP

北京通过"历史叙事＋场景营销"重塑农产品文化价值。佛见喜梨以"清代宫廷御用"为文化内核，打造皇家贡品IP，并联合故宫文创推出限量礼盒，在日本乐天市场单价达128元/斤，溢价率超400%；延庆彩薯借力冬奥会打造"冰雪运动营养补给"概念，通过ISO 22000认证后进入北美高端超市，2024年出口额突破5 000万元。

3. 市场渠道创新：构建全球化营销网络

北京市建立"会展＋数字＋实体"三位一体渠道体系，北京品牌农业通过"会展外交＋数字出海"双路径扩大国际影响力。连续五届中国农交会吸引40国采购商，并连续5年组织企业参加柏林国际果蔬展、迪拜食品展，推动"京字号"农产品出口额从2020年的8亿美元增至2024年的22亿美元，并在京东国际、亚马逊设立"北京优农"专区，上线1210保税模式产品48种，2024年跨境零售额占比提升至30%，平谷大桃、昌平草莓等通过1210保税模式进入RCEP国家市场，2024年跨境订单量同比增长180%。

4. 产业链升级：打造国际化农业产业集群

通过加工端提质，破解出口附加值瓶颈。北京推动农产品加工率从

2020年的62%提升至2024年的78%，佛见喜梨开发冻干梨片、梨酒等产品，深加工产值占比达25%，通过HACCP认证进入港澳市场；北京大兴区与荷兰瓦赫宁根大学共建联合实验室，开发低糖梨膏配方，满足欧美健康食品标准；平谷大桃引进意大利分选设备，实现糖度、重量分级自动化，出口高端果品合格率提升至98%。海淀区研发的智能温室控制系统已出口至中东国家，2024年技术合同成交额达3.2亿元；北京市农林科学院制定的《设施蔬菜水肥一体化技术规程》被东盟国家采纳为行业标准。

四、北京品牌农业的运行机制与典型案例

（一）科技赋能与品种创新：驱动农产品价值跃升

北京依托"良种＋良法"策略，构建从品种研发到技术落地的全链条创新机制。

1.具体运行机制

（1）良种层面，聚焦功能性、抗逆性等市场需求

北京市农林科学院通过基因编辑技术培育出高维生素C番茄（维生素C含量是普通品种的3倍）和富硒甘蓝（硒含量提升至0.3mg/kg），填补了国内功能性蔬菜品种空白。此类品种在通州国际种业科技园区完成中试后，2024年规模化种植面积突破1.2万亩，市场价格较普通品种高50%，带动产区农民户均增收1.8万元。在生物育种技术方面，中国农业大学团队创制基于引导编辑（Prime Editing）的玉米单倍体诱导系，编辑效率从35%提升至82%，大幅缩短育种周期。该技术已授权先正达等企业，覆盖全国20%玉米种植区，带动种业企业销售额达127.3亿元；丰台区数字品种实验基地部署高光谱成像与AI算法，对10万份玉米种质资源进行抗倒伏、耐密植性状自

动评估，筛选出"京科968"等耐密品种（种植密度从4 500株/亩提升至6 500株/亩），2024年在华北地区推广850万亩，增产13.2万吨；神舟绿鹏公司通过空间诱变培育出"航玉8号"，其籽粒粗蛋白含量达12.5%（高于国家一级标准2个百分点），在内蒙古赤峰等地建立了20万亩订单生产基地，农户收购价较市场均价高0.3元/斤。

（2）良法层面，推动农业科技深度渗透生产环节

海淀区植物工厂集成无土栽培、LED光配方调控和智能水肥一体化系统，使番茄单位面积产量从传统种植的15 kg/m²提升至20 kg/m²，同时节水60%、化肥减量40%，实现"产量+资源效率"双突破。大兴区庞各庄西瓜基地部署"气候盒+土壤墒情仪+无人机巡田"系统，构建从定植到采收的数字化模型。通过分析积温、光照时长与糖度累积关系，将最佳采收期预测误差从±5天压缩至±1天，糖度稳定在12%以上，电商礼盒复购率提高40%。

2.典型案例

以高维生素C番茄为例，其产业化路径体现"研发—中试—推广—市场"闭环：

（1）基因编辑与性状优化：利用CRISPR-Cas9技术定向编辑番茄SlGGP1基因，突破维生素C合成酶活性限制，实现果实维生素C含量稳定表达。

（2）套技术集成：开发"高垄覆膜+滴灌追肥"标准化种植模式，通过物联网传感器实时监测土壤EC值、空气温湿度，确保维生素C合成关键期（开花后30～45天）环境参数精准调控。

（3）规模化生产管理：在通州潞城镇建立3 000亩核心示范区，采用"科研院所+合作社+农户"合作模式，科研团队提供种苗与技术指导，合作社统一采购生物农药与有机肥，农户按标准操作手册执行生产，产品合格率从78%提升至95%。

（4）市场价值兑现：通过"北京优农"品牌认证体系进入盒马鲜生、京东七鲜等高端渠道，配套"功能性成分检测报告＋溯源二维码"，500克礼盒装售价达25元，较普通番茄溢价120%。

（二）标准化生产与质量追溯体系：构建市场信任基础

1.具体运行机制

北京市通过"政策引领—技术支撑—多方协同"三位一体机制，构建覆盖全产业链的数字化质量追溯系统。

（1）政策框架设计

以《北京市"十四五"时期优化营商环境规划》为纲领，明确"标准先行、数据驱动"原则，要求农产品生产主体接入市级质量追溯平台，实现从田间到餐桌的全程可追溯。首都标准化委员会通过《2022年北京市标准化工作要点》细化数据采集标准，建立包含生产环境、投入品使用、加工工艺等9类核心指标的数据模型，确保跨区域、跨环节信息互通。

（2）技术架构创新

依托区块链与物联网技术，建立"一物一码"溯源体系。在大兴区庞各庄西瓜种植基地，每颗西瓜贴附包含种植地块坐标、施肥记录、农残检测结果的NFC芯片，消费者扫码即可获取28项关键数据，数据上链存证率达100%。系统同时集成AI图像识别功能，对生产基地违规操作（如超量施肥）实时预警，2024年违规事件同比下降42%。

（3）协同治理模式

构建"政府监管＋第三方认证＋企业自律"机制。通州区"运河人家"区域公共品牌联合12家合作社成立质量联盟，聘请BSI（英国标准协会）对生产流程进行ISO 22000食品安全管理体系认证，认证企业产品溢价率提升30%。市场监管部门通过"双随机"抽查与信用评级联动，对追溯数据异常企业实施重点监管，2024年农产品抽检合格率提升至99.3%。

2.典型案例分析

（1）通州区"运河人家"品牌：标准化驱动的全链条升级

该品牌整合4万亩耕地实施"五统一"标准：统一品种（选用抗病性强的"京茄6号"等品种）、统一农资（生物农药占比超80%）、统一加工（净菜加工损耗率从15%降至8%）、统一包装（采用可降解材料）、统一追溯（区块链数据对接京东等电商平台）。通过标准化生产，2024年合作农户户均增收1.2万元，产品进入盒马鲜生等高端渠道后溢价率达35%。质量追溯系统特别增设"环境友好型"标签，记录节水灌溉、碳减排量等数据，推动绿色消费转化率提升22%。

（2）大兴区"庞各庄西瓜"：追溯体系赋能品牌信任

作为地理标志产品，庞各庄西瓜建立"三级追溯"体系。

生产端：部署土壤温湿度传感器与无人机巡田系统，自动采集光照时长、积温等数据，AI模型预测最佳采收期误差压缩至±1天，糖度稳定在12%以上。

流通端：采用"冷链物流+蓄冷箱"技术，运输过程温度波动控制在±0.5℃，损耗率从8%降至3%。

消费端：扫码可查看种植户信息、检测报告及24小时慢直播，2024年电商复购率提高40%，礼盒装产品单价达15元/斤，较传统销售溢价80%。

（三）产业链延伸与三产融合：创造多元化增收场景

品牌农业带动"农业+文旅+电商"复合业态发展。2024年北京休闲农业收入达36.2亿元，同比增长12.7%，其中品牌农产品体验消费占比超40%。海淀区"定制农场"项目吸引市民参与种植管理，带动周边农户年均增收8万元。电商渠道显著拓展，预制菜、深加工产品（如秋梨膏、桑叶茶）通过"农品大兴"等平台上线，线上销售额突破9.8亿元，点击量超3万人次。

1. 运行机制

（1）数据驱动的产业链协同

电商平台与文旅场景深度融合，形成"需求—生产—服务"闭环。大兴区庞各庄镇依托物联网技术监测西瓜种植环境，实时采集光照、积温等数据，结合AI模型精准预测最佳采收期，并通过直播电商展示种植过程，2024年电商渠道复购率提升40%。通州区"北京优农"品牌通过邮乐网、快手等平台开展直播带货实战赛，实现单日交易额90.75万元，带动京郊农产品品牌曝光率提升58%。

（2）利益联结机制实现价值共享

"政府引导+企业主导+农户参与"模式破解分散经营难题。密云区神奇种子农场联合合作社建立"订单农业+旅游分成"机制，农户通过土地入股、民宿运营、农产品加工获得三重收益，户均年增收达2.3万元。北京市农业农村局推动"百千工程"，通过联农带农政策引导龙头企业与合作社建立长期合作，2024年累计培育乡村新业态项目127个，带动农民就业1.2万人。

2. 典型案例分析

（1）密云"密云八珍"：文化赋能与全渠道营销

文化IP塑造：将"密云八珍"与闽东石屋建筑、非遗技艺结合，设计"京品礼盒"系列，融入种子科普与农耕文化体验，2024年衍生品收入占比提升至28%。

场景融合：在河南寨农场举办秋收节，设置农产品市集、趣味运动会等互动项目，吸引市民参与农事体验，游客人均消费从80元增至210元。

电商转化：通过抖音短视频展示水库鱼捕捞、板栗古法炒制等工艺，带动线上销售额同比增长65%，客单价突破150元。

（2）大兴庞各庄镇：科技驱动的农文旅融合

标准化生产：采用无土栽培技术种植水果黄瓜、贝贝南瓜等品种，通过智能温控系统实现年产量提升25%，产品糖度稳定在12%以上。

体验升级：开发青少年农业科普基地，设置果蔬采摘、昆虫观察等课程，2024年接待研学团体超3万人次，带动周边民宿入住率提升50%。

数据反哺：根据电商平台用户评价优化种植品种，淘汰低效品类3种，优质果率从72%提升至89%，并搭建"西瓜云展厅"VR体验平台，结合抖音直播实现"种植可视化—采摘预约—冷链直达"闭环，2024年电商复购率提升至65%。

（3）通州品牌矩阵：直播电商与区域联动

品牌矩阵建设：整合13个涉农区资源，筛选樱桃、草莓等20类特色产品纳入"优农优选"清单，通过区块链技术实现"一物一码"溯源。目前，通州区拥有西集樱桃、漷县生菜、张家湾葡萄、于家务芹菜等优势农产品产区和籽种，拥有"白玉"豆腐、"西集好农夫"大樱桃等50多个农产品名优品牌。同时，结合特色农业发展也在加快休闲农业和乡村旅游提档升级，以京津冀一体化发展为重要抓手，以大运河为品牌，以旅游为核心，打造集观光休闲、养生度假、商务会议等多功能于一体的庄园综合体，实现农业与旅游、文化等相关产业的融合发展。

直播生态培育：组织青年电商团队开展直播PK赛，联合邮政物流实现"产地直发+24小时达"，将物流成本降低22%，损耗率控制在3%以内。

跨区协同：与河北、天津共建供应链联盟，推动"北京优农"标准输出，2024年带动环京地区农产品销售额增长1.8亿元。

（四）政策支持与制度保障：构建长效增收机制

为深入实施首都乡村振兴战略，充分发挥财政资金引导和撬动作用，加快构建现代乡村产业体系，推进乡村产业高质量发展，北京市农业农村局、北京市财政局印发《北京市乡村振兴产业综合发展项目资金管理办法（试行）》。按照"资金聚合保重点、项目聚焦促发展、统筹聚力解难点"原则，积极培育新主体、推进新工程、激发新动能，创新推出支持新主体政策措施，支持一批新农人领办的家庭农场、农民专业合作社、农业社会化服务组织、农业企业发展都市型现代农业新模式、新业态、新机制，重点支持新主体改善农业生产条件，提升农产品加工能力，发展土特产、新食品加工、休闲农业、低碳农业、智慧农业、电商直播，开展新品种、新技术示范推广，助力新主体提升传统产业、壮大新兴产业、培育未来产业。目前，已入库新主体项目277个。

1.运行机制

（1）政策体系设计：顶层规划与资源整合

北京市以"百千工程"为核心框架，通过"政策引导—要素整合—服务配套"三级联动机制推动品牌农业发展。《北京市"十四五"时期乡村振兴战略实施规划》明确将"培育30个以上区域公用品牌"列为重点任务，建立"标准化生产＋品牌认证＋市场推广"政策闭环。2024年出台的《农业科技示范与生产服务体系实施方案》提出"八大提升行动"，其中"土特产品及地理标志产品品质提升行动"要求对密云水库鱼、庞各庄西瓜等实施全链条数字化管理，推动标准化生产覆盖率提升至85%。

（2）要素保障机制：土地与金融创新

通过"点状供地"破解农业设施用地难题，大兴区试点"设施农业＋集体经营性建设用地"混合供地模式，允许企业将15%用地用于农产品展销中心建设。在金融支持方面，创新"品牌价值质押贷款"产品，密云区"密农人家"区域品牌通过无形资产评估获得北京农商银行2 000万元授信，利率较基准下浮20%。

（3）监管与激励机制：动态评估与利益共享

建立"品牌星级评定"制度，从产品质量（40%）、市场认可度（30%）、联农带农效果（30%）三个维度进行年度考核，连续三年获评五星级品牌可享受50%检测费用补贴。通州区于家务国际种业园实施"品种权收益分成"机制，品种研发单位、新型经营主体、村集体按5：3：2比例分配商业化收益。

2.典型案例分析

（1）双轮驱动：中央与地方政策赋能上方山香椿

财政与金融支持：北京市设立"老字号振兴专项基金"，对上方山香椿加工设备购置提供30%补贴，并优先支持其接入"北京优农"电商平台北京市农业农村局制作《地理标志农产品宣传视频》，在央视等平台展示上方山香椿非遗腌制工艺，推动其衍生品收入占比达35%。政府主导举办"香椿文化节"，结合VR技术还原明清贡品制作场景，使游客人均消费从80元增至260元。

联农带农机制构建：房山区政府推动成立北京圣水太行种植专业合作社，整合圣水峪村110户农户，通过统一技术指导、生产标准与市场对接，将分散种植户纳入规模化经营体系。合作社负责香椿种植、养护及深加工产品研发，种植面积达2 700余亩，形成"农户+合作社+市场"的产业链条。

质量安全动态监管：政府主导制定《上方山香椿栽培技术规程》等5项地方标准，集成智能温室调控、水肥一体化等8项技术，将香椿芽合格率从65%提升至92%，亚硝酸盐含量降至2.1mg/kg。并建立"天空地一体化"监测网络，对上方山香椿种植区实施土壤重金属、水质pH值实时监测，数据自动上传至市级追溯平台，不合格产品拦截率提升至98%。

（2）全链条服务：全方位激活佛见喜梨产业基因

"政府+科研"技术赋能：北京市农业农村局将佛见喜梨列为濒危保护品种，2016年推动其获国家地理标志认证，通过标准化种植规范（如果园土壤改良、有机肥替代）提升品质，2022年实现亩产提升20%、甜度达22度。平谷区联合中国农科院建立佛见喜梨种质资源库，开发抗病虫害技术，制定《茅山后佛见喜梨栽培技术规程》，推动450亩核心产区实现科学化管理。

跨境贸易政策支持：平谷区政府将佛见喜梨纳入跨境电商出口试点，协调海关实施"24小时快速通关"政策，建立区块链冷链追溯系统，保障产品48小时内直达东南亚市场。同时还对佛见喜梨深加工企业给予研发补贴（如梨酒、梨膏生产线改造），2024年深加工产品产值占比突破25%，降低鲜果滞销风险。

数字化服务：北京市政府搭建"善融商务""高德采摘地图"等平台，推动佛见喜梨上线本来生活网、抖音等渠道，2022年线上销售额占比提升至35%。同步组织龙头企业与京东、盒马签订直供协议，拓展高端商超市场。2022年依托"全国采摘果园一张图"精准导流客源，通过高德地图为茅山后村引流超2万人次。税务部门通过"创享易"平台为企业自动匹配税收优惠，降低运营成本30%。

第四章　北京农业品牌企业发展评价研究

为了更好地加强对北京品牌农业供应现状的研究，了解品牌农业发展情况，我们针对北京品牌农业发展的历程，分别选取了90家曾入选2017年"北京农业好品牌"和2021—2024年度"北京优农"品牌并具有3年以上历史的当地品牌，品牌主体3年内无违法违规经营记录、无农产品质量安全抽检不合格记录的企业来做企业品牌现状分析，这些基本上包含了北京目前经营较好的农业企业品牌及产品品牌，因此在书中直接将其定为北京农业品牌企业（也称好品牌企业）。

一、北京农业品牌企业发展现状

（一）北京市农业品牌企业分布情况

1.区域分布不均，南北郊区发展规模较大

从区县分布来看，延庆区、密云区、平谷区、房山区和大兴区5个郊区农业品牌企业分布较广，共计57家，占总好品牌企业的50%以上，门头沟区、海淀区、丰台区和朝阳区4个区县好品牌企业数量明显较少，与其他区县存在较大差别，北京农业品牌企业区县分布数量不均，而企业对于当地的农业经济和就业都有着巨大的拉动作用，空间上的分布不均将会直接导致各区县经济差异明显。

从空间分布来看，南北部郊区显然是好品牌企业分布的集中地区，城区相对来说弱势较为明显。其中，北部郊区以密云区为首，品牌农业发展较快、势头良好，怀柔区相对来说发展势力较弱。究其原因，北部郊区土地资

源和劳动力资源相对丰富，农村人口较多，为农业的发展奠定了良好的基础。所以说北京市北部地区农业发展基础较好，为品牌农业的推进做出了榜样。北京市南部郊区以房山区和大兴区为首，好品牌企业数量较多，分布较为集中，品牌农业发展程度较高，当地的农业经济发展有巨大的潜力。北京市西部郊区和城区，好品牌企业数量较少，品牌农业发展势头不足，主要原因还是城区土地资源紧张，农业基础条件包括土地资源、水资源等匮乏对品牌农业的发展造成了一定的限制。同时，城区的其他行业企业较多，大量的人口不愿从事农业，也造成了农业发展过程中的人力资源不足，农业的竞争力减弱，品牌农业的发展举步维艰。

表4-1　北京市农业品牌企业地区分布情况

地理位置	区	数量（家）	在总量中所占比例（%）
北部郊区	延庆区	10	11.1
	怀柔区	5	5.6
	密云区	10	11.1
	昌平区	8	8.9
	顺义区	10	11.1
	平谷区	9	10.0
西部郊区	门头沟区	1	1.1
南部郊区	房山区	13	14.4
	大兴区	15	16.7
	通州区	4	4.4
城区	海淀区	2	2.2
	丰台区	2	2.2
	朝阳区	1	1.1
合计		90	100

资料来源：调研数据。

2.果蔬类产品企业分布广泛，其他产业分布有限

从表4-2中可以看出，目前，北京市农业品牌企业所经营的农产品类型

主要集中在果蔬行业，以蔬菜、水果为主要经营产品的企业数量分别占据了总量的34.4%，由此可以推断，北京市的果蔬产业发展已经相对成熟，考虑可能的原因是蔬菜、水果是消费者必不可少的消费品，果蔬市场相对较大，同时，以果蔬类产品为主要生产规模的企业，不仅可以将果蔬产品直接销售到消费者手中，还可以此为基础，发展采摘等休闲旅游业，对于带动企业经济发挥了巨大的作用。

表4-2　北京市农业品牌企业主营业务所属行业分布情况

农产品类型	企业数量（家）	在总量中所占比例（%）
蔬菜	31	34.4
果品	31	34.4
畜禽（及产品）	22	24.4
粮经（及加工品）	5	5.6
渔业	1	1.1
合计	90	100

资料来源：调研数据。

以畜禽（及产品）为主要农产品类型的企业，包括肉、蛋、奶和蜂蜜等，这一类企业的数量占据总量的24.4%，超过了企业总量的1/5，但明显少于果蔬类产品企业，北京市畜禽产业中的好品牌企业仍有待挖掘。可能的原因是北京市土地资源、水资源等稀缺，在饲养畜禽、加工畜禽产品的资源条件不足，出现企业为了生产便利，将生产基地乃至整个企业外迁的情况，造成了北京市畜禽类好品牌企业数量不多，但北京市消费人口众多，对肉类、奶类等畜禽产品需求量大，所以仍然有不少企业愿意投入畜禽市场。

粮食和经济类作物（简称粮经）（及加工品）的企业数量占总量的5.6%，这一类企业数量较少，可能的原因是这一类企业的产品保鲜时间通常较长，使外地企业的粮经类产品能够有足够的时间运输至北京市场中，瓜分北京市场，造成竞争压力，所以这一类好品牌企业数量较少。

在北京市好品牌企业中，仅有一家企业以渔业为主要生产企业，包括淡水养殖等方面，显然北京市水资源缺乏，并不适合渔业的发展，但这一类企业由于紧靠北京市场，企业数量又较少，如果能够抓住机会，开拓市场，则是企业成长发展的好时机。

（二）北京市农业品牌企业效益分析

1.营利能力总体较弱，企业之间差异明显

本研究针对北京市农业品牌企业的经济效益现状进行分析，主要基于该类企业在财务方面的两个指标进行简单描述，分别为企业的销售利润率和成本利润率，采取的计算公式：销售利润率=企业年利润/年销售总额，成本利润率=企业年利润/企业总成本。根据图4-1可知，对北京市农业品牌企业的财务状况进行计算整理后，从销售利润率来看，58%的企业的销售利润率集中分布在0～10%范围内，19%的企业销售利润率分布在10%～20%范围内，只有少数企业的销售利润率在30%以上，目前还有企业的销售利润率为0及以下，处于亏损状态。销售利润率是衡量企业销售收入的收益水平指标，由此可以看出，农业品牌企业自身的营利能力不足，经营效益较低，在以后的发展中需要引起重视。

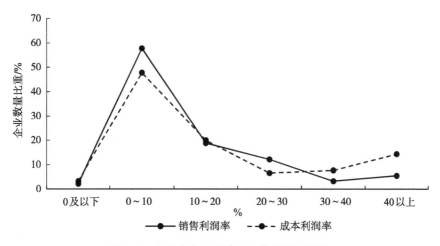

图4-1　北京市农业品牌企业营利能力情况

资料来源：调研数据。

从成本利润率来看，其曲线趋势与销售利润率类似，有近50%的企业成本利润率集中于0～10%范围内，20%的企业集中于10%～20%范围内，此外，有7%的企业成本利润率在20%～30%范围内，8%的企业成本利润率在30%～40%区间内，14%的企业成本利润率达到40%。说明有过半的好品牌企业成本都较高，利润较低，但在发展过程中，有一部分的企业成本利润率能够达到较高的水平，这类企业能够有效地减少成本，提高利润，发展能力较强。

从整体来看，近半数北京市农业品牌企业的财务效益较低，主要原因分为两方面，利润低和成本高。农业企业在所有行业的发展中，由于农业本身的局限性，导致农业类企业处于一个不利位置。农业企业利润低可能的原因有单品利润高，但市场规模小，在竞争过程中，由于同类产品过多、消费者认识不足等，使企业无法在激烈的市场竞争者占有一席之地。农业企业成本高的原因可能在于企业的内部管理成本、农产品生产投入成本过高，难以在短时间内获取大量收益。

2.企业社会责任意识不强，有待提高

北京市农业品牌企业的发展离不开与农户的合作，两者属于相互促进的关系。从企业承担的社会责任角度来看，企业带动农户的数量、为贫困人口提供就业岗位的数量都体现了企业对于农村脱贫、带动当地经济发展的重要作用，为农村带来切实的好处有利于企业的长足发展。在本部分对企业发展现状的描述中，将企业带动农村就业情况进行划分，根据表4-3可知，在企业带动农户数量方面，有60%的企业带动农户数量在600户以下，有6%的企业带动农户数量在600～999户之间，16%的企业农户带动情况非常可观，在1 000～2 999户之间，19%的企业带动农户数量在3 000户及以上。从辐射农户角度推测，这一类企业的规模较大，与农户合作关系密切，承担的社会责任较大，为农业发展做出的贡献较为突出，发展能力较强，潜力巨大。

表4-3　农业品牌企业带动农民就业情况

	很少	较少	一般	较多	很多
企业带动农户数量范围（户）	0～299	300～599	600～999	1 000～2 999	3 000及以上
企业数量（家）	35	19	5	14	17
企业数量占总数量之比（%）	39	21	6	16	19
为贫困人口提供就业岗位数量（个）	0～49	50～99	100～199	200～299	300及以上
企业数量（家）	45	13	12	6	14
企业数量占总数量之比	50	14	13	7	16

资料来源：调研数据。

从为贫困人口提供就业岗位数量来看，60%以上的企业提供的岗位数在0～99个之间，13%的企业提供就业岗位数量在100～199个之间，7%的企业提供就业岗位数量在200～299个之间，16%的企业为困难家庭提供300个及以上的就业岗位，从带动脱贫来看，提供就业岗位数量多的企业显然社会责任意识更强，对农村做的贡献也更多。

企业参与公益活动的次数是企业承担社会责任的另一个表现，同时，参与公益活动也是推广企业的重要途径，能够提高企业知名度。根据图4-2可知，有11%的企业完全没有参加过公益活动，大约有50%的北京市农业品牌企业每年参与公益活动1～3次，24%的企业每年参与公益活动4～6次，3%的企业参与公益活动7～9次，14%的企业参与公益活动9次以上。北京市农业品牌企业对于参与公益活动的积极性整体偏低，仍有待提高，企业社会责任意识水平参差不齐，导致企业发展能力水平不一。

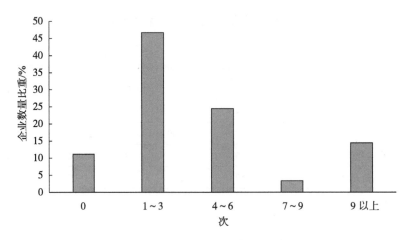

图4-2　企业参与公益活动的次数

资料来源：调研数据。

（三）北京市农业品牌企业品牌意识和影响力分析

1.企业品牌意识整体较弱，品牌建设资金投入普遍较低

企业关于品牌建设方面的投入包括多个指标，本研究选取了人员投入和资金投入两个指标来分析企业对于品牌这项无形资产的重视程度。如图4-3所示，从人员投入方面来看，33%的企业中品牌管理人员占总管理人员的比重在0～10%范围，29%的企业中品牌管理人员比重在10%～20%之间，16%的企业中品牌管理人员比重为20%～30%，13%的企业中品牌管理人员比重为30%～40%，此外，有少部分企业的品牌管理人员比重在40%及以上。北京市农业品牌企业品牌管理人员投入力度一般，总体来说，大部分企业仍有待提高，但其中一小部分企业对于品牌管理人员投入力度过大，有时候会造成人员繁杂，企业运营成本增加，品牌管理效率低下的状况，这种情况需要企业合理削减部分品牌管理人员，减少企业成本。

本研究计算企业品牌投入率采用的计算公式为品牌投入率=品牌建设相关费用支出/企业总成本，图4-4反映了北京市农业品牌企业对于品牌建设投入资金的总体情况。从图中可以很明显地看出企业对于品牌建设资金投入主要分布于三个区间，0～3%、3%～6%和15%及以上，存在着较大的落差，在资金投入方面，北京市农业品牌企业之间差距悬殊。52%的企业品牌建设资金投入占总成本的0～3%，26%的企业品牌建设资金投入占总成本的3%～6%，13%的企业品牌建设资金投入占总成本的15%及以上。由此可以得出，北京市好品牌企业在品牌建设资金投入方面总体处于一个较低的水平，对于品牌建设工作不够重视，在以后的企业发展过程中，应当注重品牌建设，努力将企业自身的品牌做大做强。

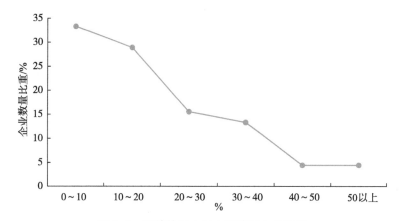

图4-3　品牌管理人员占总管理人员比重

资料来源：调研数据。

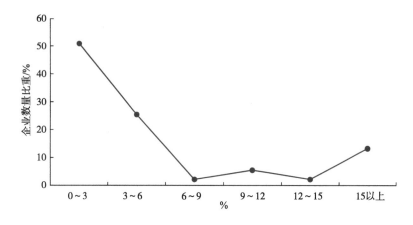

图4-4　北京农业品牌企业品牌投入率情况

资料来源：调研数据。

2.企业品牌影响力分级明显，优势品牌较少

品牌知名度、品牌美誉度和品牌忠诚度是测量品牌的三个关键性指标，这三个指标属于层层递进的关系，一个企业的品牌只有在被消费者认知之后，才会出现消费者对品牌是否满意，即品牌的美誉度如何，品牌影响力不断向更深层次推进后，才能够考虑消费者对品牌的忠诚度。简言之，企业品牌影响力的发展过程需要经历三个阶段：品牌认知—品牌美誉—品牌忠诚，且三个阶段层层推进，不可逆转。

本研究对于品牌影响力指标采取简单测量法，对100个消费者进行调研，即品牌知名度=知晓品牌的人数/调研总人数，品牌美誉度=对品牌好评的人数/调研总人数，品牌忠诚度=重复购买品牌人数/调研总人数。

根据图4-5，从品牌知名度来看，北京农业品牌企业的品牌知名度主要集中于60%～70%和80%～90%范围内，居于40%以下和90%以上的企业数量较少，没有形成两极分化的趋势，体现了北京市范围内的消费者对北京市农业好品牌的认知度总体相对较高，企业品牌影响力的基本情况总体较为乐观，为后续品牌维护其声誉及加深消费者的品牌忠诚打下了良好的基础。

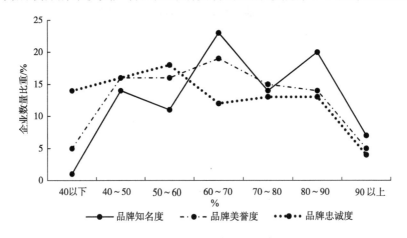

图4-5 北京市农业品牌企业品牌影响力

资料来源：调研数据。

从品牌美誉度来看，北京市农业品牌企业在40%～90%之间走势平缓，

在其中的每一个区间内，具有同等品牌美誉度的企业数量都不相上下，体现了在品牌美誉度方面，企业分类非常明显，表现为低—中—高的不同等级。

从品牌忠诚度的曲线来看，消费者对北京市农业品牌企业的忠诚度在60%～70%和90%以上的两个区间内较低，总体来说，消费者对于品牌产品的重复购买还没有达到特别理想的状态，企业在挖掘新客户的同时，在维护老客户方面也要努力。

总体来看，北京市农业品牌企业的影响力达到90%的企业数量相对较少，在以后的发展过程中，企业应适当注重品牌的发展，增强自身的影响力，为抢占市场资源夯实基础。

（四）北京市农业品牌企业管理水平分析

1.科研水平总体较好，企业之间差距悬殊

本研究在计算企业科研经费投入率采取的公式是科研经费投入与总成本的比例，根据表4-4可知，北京市农业品牌企业的科研经费投入的平均值为274.96万元，占据总成本的4.82%，总体来说投入力度较大，但在对企业之间进行横向比较时，企业与企业之间的科研投入水平相差悬殊，可以看到，这些企业中科研经费投入最多的达到6 000万元，最少的为0元，根据其方差与标准差可以看出，不同企业科研经费投入偏离平均值的程度很大，数据波动较大，不同企业科研投入水平相差较大。

表4-4　农业品牌企业科研水平统计表

项目	科研经费投入（万元）	科研经费投入率（%）	员工教育投入（万元）	员工教育投入率（%）	高校合作数量
均值	274.96	4.82	54	3.26	5.52
极大值	6 000	50.00	1 000	66.70	82
极小值	0	0	0	0	0
方差	601 385.3	0.59	23 232.28	0.70	111.1
标准差	779.74	7.69	153.26	8.40	10.6

资料来源：调研数据。

从员工教育投入率来看，北京市农业品牌企业的员工教育投入平均值为54万元，占总成本的3.26%，总体来说，企业对于员工的教育培训还不够重视，对员工进行教育培训，在企业的发展过程中也是为企业创收的一个途径，在所有的好品牌企业中，员工教育投入最多的达到1 000万元，最少的为0元，根据其方差与标准差可以看出，不同企业对员工教育的投入水平参差不齐，企业之间存在一定的差距。

与高校的合作数量可以从侧面反映出企业的科研水平，高校是人才聚集之地，与高校合作通常能够为企业注入新的活力，促进企业的研发水平等，为企业带来更高的经济效益，表4-4显示了平均每一家北京市农业品牌企业会与5所以上的高校进行合作，个别企业曾经与82所高校进行了合作，也有个别企业则从未进行过校企合作，在企业之后的发展中，应当注重校企合作项目，为企业引进更多的高素质人才。

2.企业战略意识总体较强，但品牌文化融入不足

本研究在对企业的总体战略能力进行研究时主要针对企业的战略规划能力、品牌标识系统完善度和企业的品牌文化建设能力进行了统计，从表4-5可以看出，89%的企业制定了总体规划，86%的企业为产品做过市场调查，85%的企业制定了推广策略，由此可以推断，北京市农业品牌企业对自身的发展路径是比较明确的，企业的规划行为等都比较系统，总体规划能力比较完善。从企业的品牌标识系统来看，大部分企业的品牌标识比较完善，有小部分企业在品牌的广告语制作方面有所欠缺，从表中可以看到，24%的企业不具有广告语，好的广告语往往还能引起社会大众的共鸣和认同，提升企业品牌的知名度。从企业品牌文化建设能力来看，91%的企业将自身的价值理念与产品相结合，能够有效地加深消费者对企业的认知，为企业之后的品牌延伸工作奠定了坚实的基础，83%的企业在品牌文化建设中融入了品牌故事，对消费者来说增加了消费的趣味性，但在民族文化和社会风俗文化融入方面，部分企业显现出融入不足的情况，有待加强。

表4-5　北京市好品牌企业战略管理水平

		具有该项能力的企业数量占比（%）	不具有该项能力的企业数量占比（%）
企业规划能力	制定企业规划	89	11
	进行市场调查	86	14
	制定推广策略	85	15
企业品牌标识系统	品牌名称	100	0
	标识与图标	96	4
	标志包装	92	8
	广告语	76	24
品牌文化建设能力	企业价值理念	91	9
	品牌故事	83	17
	民族文化	46	54
	社会风俗文化	38	62

资料来源：调研数据。

3.产品认证意识较强，管理体系认证认知不足

从图4-6中可以看出，有68%的企业产品进行了无公害认证，这一比例显著高于其他认证类型。无公害农产品以保障农产品基本安全为目标，符合满足大众消费需求，证明了北京市内的农产品质量安全管控水平较高，因此对于消费者来说，北京市的农产品值得信赖，在食品安全方面，北京市农业企业具有很大的竞争优势。

有39%的企业产品获得了有机认证，有机食品也叫生物食品或生态食品，主要用于满足特定消费，服务于出口贸易，有机认证对于土地、产量等具有严格的要求，而在北京市农业品牌企业的产品认证中，仅有39%的企业产品获得了有机认证，这体现了仍然有部分企业的产品生产标准化程度有待提高，由此也可以推断出，北京市农产品的总体质量仍有待提升。

有32%的企业产品获得了绿色认证，绿色食品的特点是产品质量安全标准整体达到发达国家先进水平，市场定位于国内大中城市和国际市场，满足

更高层次的消费，北京市好品牌企业中仅有32%的农产品获得了绿色认证，体现了北京市农产品要向高端消费市场进军，仍有很长的路要走。

从图中也可以看出，无公害认证已经是最普遍的认证，而北京市农业品牌企业产品的有机认证和绿色认证都需要继续加强。

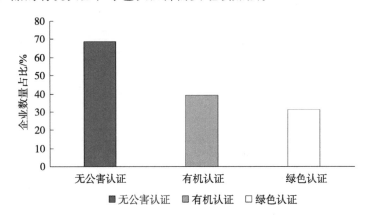

图4-6 北京市农业品牌企业产品认证情况

资料来源：调研数据。

从图4-7中可以看出，相较企业对产品认证情况的重视程度来说，企业在质量管理体系认证方面明显动力不足，可能的原因是企业过分重视产品，而忽略了质量管理体系的建设，由于质量管理认证过程较为复杂，同时质量管理体系也不如产品能够完全实物化，所以企业在该方面的认证表现得不够积极。

从图中可以看到，有30%的企业获得了ISO认证，ISO是国际标准化组织的简称，通过其认证，可以提高企业的管理和运营水平，改善工作流程，提高公司产品和服务质量，并且提高顾客对于公司的认同度。有18%的企业获得了GAP认证，GAP认证即良好农业规范，体现在农产品生产的各个环节，在保证农产品质量的同时，能够兼顾环境、经济社会的发展，根据图4-7，只有18%的企业获得GAP认证，体现了北京市好品牌企业的各环节控制力度仍较小，在兼顾环境、经济和社会可持续发展方面仍有待提高。有9%的企业获得了GMP认证，GMP认证即良好生产规范，是食品行业的强制性标准，要求企业从原料、人员、设施设备、生产过程、包装运输、质量控制等方面按国家有关法规达到卫生质量要求。仅有9%的企业获得了GMP认证，说明在农产品的生产过程中，大部分企业并没有形成一套专业的作业规范体系，生产标准化有待提高。

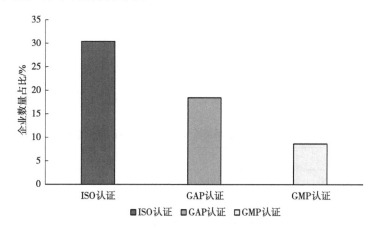

图4-7　北京市农业品牌企业质量管理体系认证情况

资料来源：调研数据。

综上所述，企业在生产、质量管理体系方面的认证情况动力不足，企业对质量相关体系的认证意识不够强，在企业的发展过程中，这一方面的能力有待提高。

二、北京农业品牌企业发展能力实证分析

（一）北京农业品牌企业发展能力评价指标的选取

根据北京市农业品牌企业的自身特点和其他企业发展能力评价的相关学术研究成果，本研究认为，衡量企业综合发展能力的评价指标主要包括企业品牌影响力指标、企业成本投入指标、企业管理能力指标、企业承担社会责

任能力指标和企业营利能力指标5个方面。对于指标的选取，多数研究主要采用的是专家打分法和客观考察法，专家打分法主要采用的是业内专家意见，存在着一定的主观性，并且专家打分数据难以获得；而客观考察法则选取的是与北京市农业品牌企业发展能力相关的指标进行考察，并利用数据软件分析获得较为客观公正的指标权重。因此本研究通过选取一些能够反映好品牌企业发展能力的指标进行分析，以此体现北京市农业品牌企业的发展能力。由于北京市的好品牌企业发展历史不同，经营规模各异，为了使各有特点的企业之间存在可比性，本研究选取以下指标进行考察。

表4-6　北京农业品牌企业发展能力评价指标选取

一级指标	二级指标
企业品牌影响力	品牌知名度 X1、品牌美誉度 X2、品牌忠诚度 X3
企业成本投入	品牌投入率 X4、成本利润率 X5、员工教育投入率 X6
企业管理能力	公益活动参与频率 X7、企业规划能力 X8、产品质量认证水平 X9、市场渠道多样性 X10
企业承担社会责任能力	带动农户数量 X11、为贫困人口提供就业岗位数量 X12
企业营利能力	销售利润率 X13

资料来源：文献整理。

1.企业品牌影响力指标的选取

成熟的品牌对于企业和消费者都具有强大的作用。对于企业来说，品牌作用主要体现在两个方面，一是创造交易优势，提高边际效益。所谓品牌边际效用就是在具有同类功能的不同商品的前提下，让消费者愿意以更高的价格购买一个品牌的产品。具有良好的品牌形象的产品，通常能向消费者传达品质优良的理念，因此即使售价较高，消费者也是可以接受的。二是创造竞争优势，推动品牌多样化拓展。与挖掘一个新的品牌比较起来，对已成功的品牌进行拓展更加容易。对于消费者来说，品牌同样具有两个非常重要的作用。一是能够让消费者快速地从自身的记忆中搜索有用信息。由于品牌具有识别特定产品和服务的功能，更能够实现压缩信息的目标，当消费者面对众多商品时，品牌能够帮助消费者快速定位产品，以避免浪费不必要的时间与精力。二是品牌对于维护消费者权益有着不可替代的作用。品牌是一个企业的标志，在消费者选定一个品牌产品时，企业同时需承担对消费者负责的义务，若品牌产品出现问题，消费者更容易为自身维权。

品牌的发展在整个企业的发展过程中始终扮演着重要角色，具有高知名度、高美誉度和忠诚度的品牌为企业带来利润的能力是相当可观的。综上所述，本研究在研究品牌对企业的影响力时采取了3个指标，即品牌知名度、品牌美誉度和品牌忠诚度。

2.企业成本投入指标的选取

对企业而言，投资的目标最主要是获得市场生存发展的机会和盈利，投资注重投入产出之间的关系，也关注风险，而成本管控恰好是预估风险和控制风险的。企业的运营离不开企业的成本投入，企业的资金投入包括多个方面，对于北京市农业品牌企业来说，品牌投入是推进农业企业品牌发展的基础。成本利润率是企业取得的剩余价值与全部预付资本的比例，该指标越高，说明企业为取得利润而付出的代价越小，成本费用控制得越好。员工是企业重要的组成部分，对员工教育的投入能够提高员工的专业素质，为企业带来更多的利益，是衡量企业发展能力的一个重要方面，本研究在企业投入力度方面，选取了3个指标，即品牌投入率、成本利润率和员工教育投入率。

3.企业管理能力指标的选取

随着我国经济的发展和社会的进步，企业的管理创新工作已经成为企业运营的头等任务，如何做好经营管理工作，已成为企业经营过程中的一项重要课题，优化的企业管理方式具备以下6个优点：第一，能够增强企业的运作效率，在短时间内明确企业的经济活动，节约时间及人力成本；第二，明确企业未来的发展方向，为企业以后的经济活动提供指导；第三，对于员工来说，能够激发员工潜能，发挥员工对企业发展的积极作用；第四，在财务方面，优质的企业管理模式能够指导企业的投资融资等日常财务活动，避免造成不必要的财务经济危机；第五，成熟的企业管理方式能够指导企业生产合格的产品，为消费者提供优质的产品及服务，满足消费者的需求，推动消费市场的升级；第六，能够促使企业树立良好的形象，提高声誉。除此之外，"公益策略"已经成为成熟企业不可或缺的企业策略，公益事业虽不能直接带来利润，但它对企业潜在的促进能力却是不可小觑的。一方面，企业参与社会公益活动将追求良好人文环境的价值观传达给大众，促进了社会的进步；另一方面，企业参与社会公益活动在一定程度上向社会传达了企业的价值取向，树立了良好的形象，增加社会公众的持续认知能力，扩展企业的持续发展空间。本研究选取4个指标对企业的发展能力进行评价，即公益活动参与频率、企业规划能力、产品质量认证水平和市场渠道多样性，其中参与公益活动频率采取五级量表的评分形式对企业进行评估。

4.企业承担社会责任能力指标的选取

农业企业是农业产业发展过程中重要的参与主体，在农业经济发展过程中扮演着重要角色。首先，农业企业是农业产业化链条上与市场衔接最为紧密的一个环节，是连接农户与市场的纽带。由于对经济利益有着共同的诉求，农业企业与农户顺理成章地走到了一起，通过构建不同的利益联结机制，企业为农户提供资金、技术和服务等支持，带动农户发展。企业作为一个关键主体，对农户的带动主要发生在农产品的生产和收购环节，农业企业以科技为先导，以产加销一体化为纽带，具有引导生产、深化加工、服务基地和开拓市场等综合作用。其次，我国目前已开启全面建设社会主义现代化国家新征程，以产业兴旺带动农民致富才是最有效的途径，所以说，企业能够为困难人口提供就业岗位是企业承担社会责任的重要表现。考虑到以上因素，本研究在评价企业的发展能力时选取了社会责任这一角度的指标，即带动农户数量、为贫困人口提供就业岗位数量。

5.企业营利能力指标的选取

同所有企业一样，农业企业创立的最终目标也是实现利润最大化，所以，企业的经济效益是衡量企业发展能力必不可少的指标依据。通过梳理前人的理论研究，财务能力最能直观低反映企业的经济效益，也是企业发展能力评价过程中不可或缺的指标。销售利润率是企业利润与销售额之间的比例，是以销售收入为基础分析企业的获利能力，反映了销售收入的收益水平，表明企业的最终成果占销售成果的比重，销售利润率越大，说明企业的营利能力越强。所以，本研究选取了销售利润率，来反映企业的剩余价值。

（二）企业发展能力分析方法的介绍

因子分析法的基本思想是对所有观测变量进行分类的，分为相关性很低的不同几类，每一类变量代表一个基本结构，即因子分析输出的公因子，并人为地对公因子进行命名，同时，将相关性较高的变量分在同一类中。对于所研究的问题是试图用最少个数不可测的公共因子的线性函数与特殊因子之和来描述原来观测的每一分量，这样可以达到浓缩数据，抓住问题的本质和核心，以小见大的目的。在本研究中，将13家企业发展能力的观测变量进行因子分析，可以明确得出企业发展能力的评价指标，并方便对其进行评分。

因子分析的主要数学模型：假设对 n 个样本进行了 p 个指标的观测，即 x_1，x_2，$\cdots$，x_p，其中 x_i（i=1，2，3，$\cdots$，p）是均值为零，标准差为1的标准化变量，得到观测数据，我们可以从一组数据开始进行观测，分析各个指标 x_1，x_2，$\cdots$，x_p 之间的相关性，找出具有支配作用的潜在因子，使这些因子可以对各指标之间的相关性进行解释；F_1，F_2，$\cdots$，F_m 分别表示 m 个因子变量，因子分析数学模型如下：

$$
\begin{cases}
x_1 = a_{11}F_1 + a_{12}F_2 + \cdots + a_{1m}F_m + a_1\varepsilon_1 \\
x_2 = a_{21}F_1 + a_{22}F_2 + \cdots + a_{2m}F_m + a_2\varepsilon_2 \\
\qquad\qquad\qquad \cdots \\
x_p = a_{p1}F_1 + a_{p2}F_2 + \cdots + a_{pm}F_m + a_p\varepsilon_p
\end{cases}
$$

其中，F为互不相关的公因子，它们捕捉变量间的共同变异并解释相关性，a_{im}为因子载荷矩阵，ε为特殊因子，反映未被公因子解释的部分，且不同变量的特殊因子相互独立。

（三）因子分析运行结果

1.数据的描述

通过对调研问卷数据的处理，利用SPSS18.0进行分析，得到表4-7的数据。在本研究中，选取的指标是不同质的，在此对难以量化的各项指标做出如下解释：公益活动参与频率和企业质量认证水平在本研究中采取的是五级量表评分，由频率很低到频率很高进行1～5的评分；企业创新能力指标计算得分时采用的是多项规划行为、措施等的得分加总除以总分，市场渠道多样性采用的评价标准是得分累加方式，一种渠道赋值1分，渠道越多则得分越高。其余指标采用原始数据计算所得。

表4-7　数据的描述性统计分析（N=90）

指标	均值	极大值	极小值	方差	标准差
品牌知名度	0.69	1.00	0.34	0.03	0.16
品牌美誉度	0.65	0.99	0.30	0.03	0.17
品牌忠诚度	0.60	1.00	0.28	0.03	0.18
品牌投入率	0.07	0.83	0.00	0.02	0.14
成本利润率	0.73	32.23	−0.82	13.94	3.73
员工教育投入率	0.03	0.67	0.00	0.01	0.08
公益活动参与频率	2.67	5.00	1.00	1.44	1.20

指标	均值	极大值	极小值	方差	标准差
企业规划能力	0.83	1.00	0.17	0.03	0.17
产品质量认证水平	1.98	5.00	1.00	1.26	1.12
市场渠道多样性	3.14	6.00	1.00	2.15	1.47
带动农户数量	3886.92	120000.00	12.00	229500000	15149.42
为贫困人口提高就业岗位数量	255.22	3000.00	0.00	365795.41	604.81
销售利润率	0.08	0.90	−4.17	0.23	0.48

资料来源：调研数据分析。

根据表4-7可以得出，北京市农业品牌企业在销售利润率、品牌投入率、品牌知名度、品牌美誉度、品牌忠诚度、企业规划能力和员工教育投入率这7项指标中方差较小，总体差距不大，但在带动农户数量和为贫困人口提供就业岗位数量方面方差很大，离散程度较高，表明北京市农业品牌企业在带动农户方面的能力参差不齐。

2.因子分析运行结果

（1）模型检验

由于本研究中选取的指标是不同质的，企业成本投入指标属于负向指标，本研究在对该项指标处理时，采取了对负向指标进行正向化，同时，在数据处理时进行了数据标准化，采用的是SPSS软件中Z-score标准化方法。通过对各指标数据标准化后的值进行因子分析，得出如下结果（表4-8）。

表4-8　企业发展能力KMO值与Bartlett球形度检验（N=90）

取样足够度的 Kaiser-Meyer-Olkin 度量	0.667
Bartlett 的球形度检验	799.973
自由度 df	78
显著性 Sig	0.000

资料来源：调研数据分析。

KMO 检验统计量用于测度所有变量之间的简单相关系数平方和与偏相

关系数平方和之间的差值，其取值范围为 0 ～ 1，该统计量越接近于 1，就说明变量之间的偏相关关系越强，数据越适合使用因子分析法进行分析，只有 KMO 大于 0.5 的统计数据才具有适合因子分析的结构效度。通过表4-8，对选取的评价企业发展能力的13项指标进行分析得出，KMO值处于0.6～0.7之间，球形度检验799.973，可以做因子分析。Bartlett球形度检验可以用于检验相关阵中各变量间的相关性，统计量值越大，越适合做因子分析。由表4-8可知，Bartlett球形度检验=799.973，所以适合做因子分析。P值小于0.001，拒绝单位相关阵的原假设，适合做因子分析。

（2）因子的选择与命名

由表4-9可知，在初始数据中，前5项因子的特征值大于1，发挥主要作用，且累计方差贡献率达到75.98%，能够反映原始数据的大部分信息。本研究为了更加清晰地显示数据之间的关系，对数据使用了最大方差法进行旋转处理，前5项因子的特征值变得更加明显，证明了其代表性，因此本研究将提取前5个因子作为分析的对象。

表4-9　特征值及方差贡献率

成分	初始特征值			提取平方和载入			旋转平方和载入		
	合计	方差的贡献率	累积贡献率	合计	方差的贡献率	累积贡献率	合计	方差的贡献率	累积贡献率
1	3.307	25.441	25.441	3.307	25.441	25.441	3.097	23.827	23.827
2	2.336	17.972	43.413	2.336	17.972	43.413	2.198	16.910	40.737
3	1.849	14.220	57.633	1.849	14.22	57.633	1.914	14.721	55.458
4	1.243	9.561	67.193	1.243	9.561	67.193	1.499	11.534	66.992
5	1.143	8.790	75.984	1.143	8.790	75.984	1.169	8.992	75.984
6	0.836	6.429	82.413						
7	0.630	4.848	87.261						
8	0.535	4.115	91.375						
9	0.523	4.024	95.400						
10	0.392	3.019	98.418						
11	0.158	1.213	99.631						

续　表

成分	初始特征值			提取平方和载入			旋转平方和载入		
	合计	方差的贡献率	累积贡献率	合计	方差的贡献率	累积贡献率	合计	方差的贡献率	累积贡献率
12	0.038	0.289	99.921						
13	0.010	0.079	100.000						

资料来源：调研数据分析。

图4-8为碎石图，显示的是降序的与因子关联的特征值以及因子的数量，能够直观地评估哪些因子占据数据中变异性的大部分。由图中可以看出，前5项因子的特征值比较明显，曲线的斜率较大，对于整体的解释程度较为显著，从第6个因子开始，碎石图呈现一条平坦的曲线，因子解释能力变弱，因此，可以得出前5项因子基本包含了数据的整体信息，再次验证了前文中的结论。

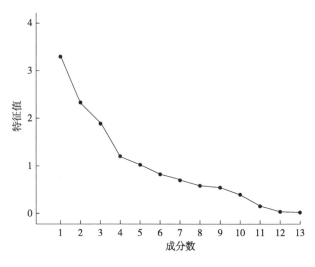

图4-8　碎石图

资料来源：调研数据分析。

表4-10反映了13个不同变量在5个不同公因子上的负荷，表示不同变量在5个公因子上的相对重要程度，需要根据因子的特点进行命名。

表4-10　旋转后的因子载荷矩阵

指标	成分				
	F1	F2	F3	F4	F5
品牌知名度	0.984	−0.048	−0.007	0.057	−0.007
品牌美誉度	0.984	−0.065	0.036	0.042	−0.025
品牌忠诚度	0.981	−0.002	0.036	0.069	−0.025
品牌投入率	0.0710	0.671	−0.162	0.453	−0.048
成本利润率	−0.078	0.907	−0.080	−0.126	0.111
员工教育投入率	−0.074	0.933	0.010	0.011	−0.015
公益活动参与频率	0.106	−0.086	0.778	0.083	−0.067
企业规划能力	−0.043	0.022	0.747	−0.006	0.117
产品质量认证水平	0.320	−0.054	0.603	−0.016	0.443
市场渠道多样性	−0.054	−0.138	0.646	0.194	−0.355
带动农户数量	0.058	0.100	0.050	0.854	−0.107
为贫困人口提高就业岗位数量	0.056	−0.062	0.145	0.696	0.165
销售利润率	−0.241	0.080	−0.281	0.100	0.779

资料来源：调研数据分析。

　　从旋转后的因子载荷矩阵可以看出，因子F1主要体现了品牌知名度、品牌美誉度和品牌忠诚度3个指标，其因子载荷分别为0.984、0.984、0.981，由于这3项指标都体现的是消费者对企业品牌的印象，总体上体现了企业品牌的影响力，所以将F1因子命名为品牌影响力因子。因子F2主要反映了品牌投入率、成本利润率和员工教育投入率，其因子载荷分别为0.671、0.907、0.933，成本利润率是企业为了运营而投入的总成本，品牌投入率和员工教育投入率反映的是企业在这2项工作中所投入的资金，因此将F2因子命名为企业成本投入因子。因子F3主要反映了企业的公益活动参与频率，企业规划能力，产品质量认证水平和市场渠道多样性，其因子载荷分别为0.778、0.747、0.603、0.646，这4项指标都属于企业管理效果的范畴，反映了企业通过整体运营规划之后取得的成果，衡量了企业内部的管理能力，所以将因子F3命名为企业管理能力因子。因子F4主要反映了企业带动农户数量和为贫困人口提供就业岗位数量，其因子载荷为0.854、0.696，这2项指标反映的是企业作为社会中的个体，利用自己的力量为社会所提供的福利，对农户的带动作用，衡量了企业的社会责任感，所以将因子F4命名为社会责任能力因子。因子F5主要反映了企业的销售利润率，其因子载荷为0.779，衡量的是企业的营利能力，将F5因子命名为企业营利能力因子。

（3）因子得分计算

在对因子进行选取和命名之后，需要计算因子得分系数矩阵，即对于各项因子来说，每个指标所占的权重，计算结果如表4-7所示。

表4-11 因子得分系数矩阵

指标	成分				
	F1	F2	F3	F4	F5
品牌知名度	0.324	0.006	−0.051	−0.012	0.001
品牌美誉度	0.323	0.004	−0.027	−0.025	−0.011
品牌忠诚度	0.322	0.032	−0.024	−0.012	−0.014
品牌投入率	0.027	0.274	−0.075	0.269	−0.071
成本利润率	0.018	0.437	0.062	−0.158	0.054
员工教育投入率	0.008	0.451	0.095	−0.073	−0.051
公益活动参与频率	−0.002	0.031	0.414	−0.014	−0.015
企业规划能力	−0.040	0.076	0.429	−0.073	0.137
产品质量认证水平	0.093	0.004	0.262	−0.061	0.547
市场渠道多样性	−0.060	−0.011	0.315	0.088	−0.268
带动农户数量	−0.029	−0.017	−0.050	0.584	−0.086
为贫困人口提高就业岗位数量	−0.028	−0.084	0.016	0.481	0.160
销售利润率	−0.068	−0.037	−0.113	0.112	0.657

资料来源：调研数据分析。

根据因子得分系数矩阵就可以计算出北京农业品牌企业各自在5项因子下的得分，计算方法为将各企业标准化的指标值与相应的得分系数相乘，然后相加，从而得到各自的分数。具体的计算公式如下：

$F1 = 0.324 \times X1 + 0.323 \times X2 + 0.322 \times X3 + 0.027 \times X4 + 0.018 \times X5 + 0.008 \times X6 - 0.002 \times X7 - 0.040 \times X8 + 0.093 \times X9 - 0.060 \times X10 - 0.029 \times X11 - 0.028 \times X12 - 0.068 \times X13$

$F2 = 0.006 \times X1 + 0.004 \times X2 + 0.032 \times X3 + 0.274 \times X4 + 0.437 \times X5 + 0.451 \times X6 + 0.031 \times X7 + 0.076 \times X8 + 0.004 \times X9 - 0.011 \times X10 - 0.017 \times X11 - 0.084 \times X12 - 0.037 \times X13$

$F3 = -0.051 \times X1 - 0.027 \times X2 - 0.024 \times X3 - 0.075 \times X4 + 0.062 \times X5 + 0.095 \times X6 + 0.414 \times X7 + 0.429 \times X8 + 0.262 \times X9 + 0.315 \times X10 - 0.050 \times X11 + 0.016 \times X12 - 0.113 \times X13$

$F4 = -0.012 \times X1 - 0.025 \times X2 - 0.012 \times X3 + 0.269 \times X4 - 0.158 \times X5 - 0.073 \times X6 - 0.014 \times X7 - 0.073 \times X8 - 0.061 \times X9 + 0.088 \times X10 + 0.584 \times X11 + 0.481 \times X12 + 0.112 \times X13$

$F5 = 0.001 \times X1 - 0.011 \times X2 - 0.014 \times X3 - 0.071 \times X4 + 0.054 \times X5 - 0.051 \times X6 - 0.015 \times X7 + 0.137 \times X8 + 0.547 \times X9 - 0.268 \times X10 - 0.086 \times X11 + 0.160 \times X12 + 0.657 \times X13$

在得到5项因子得分后，根据各公因子的方差贡献率，计算各企业发展能力的综合得分。在计算综合得分之前，需要明确各公因子的权重，本研究对各公因子的方差贡献率采取归一化处理，使其权重总和为1。相关公式为单项指标权重＝单项指标方差贡献率/累计方差贡献率，代入公式得出综合得分公式如下：

$$F = 0.314F1 + 0.223F2 + 0.194F3 + 0.152F4 + 0.118F5$$

（4）实证结果的分析

通过因子分析之后，根据上述计算公式得出各企业分值情况见附表1。本研究试图分析不同类型农产品的企业在不同角度的发展能力水平如何，在哪些方面存在欠缺，为了便于不同农产品类型的好品牌企业发展能力进行比较，在对某一方面能力进行分析时，将所有调研企业按照农产品类型展开。本研究通过计算不同类型农产品的企业各项发展能力因子得分的平均值进行比较。根据因子分析结果，本研究针对调研企业的发展能力从品牌影响力、企业投入力度、企业管理能力、企业承担社会责任能力和企业营利能力5个方面进行分析。

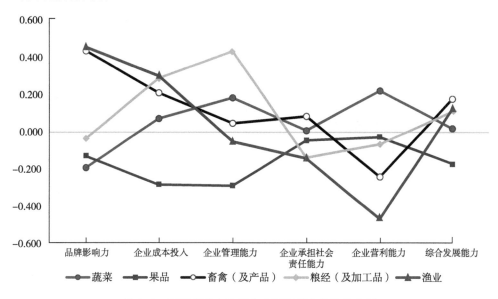

图4-9　不同类型农产品企业因子得分均值分布图

资料来源：调研数据分析。

图4-9显示了不同行业的北京市农业品牌企业各项发展能力的因子得分均值，品牌影响力得分越高，说明企业的该项发展能力越强，根据图4-9可以看出，在品牌发展方面，渔业的品牌影响能力最强，畜禽（及产品）类型的企业品牌影响力次之，剩余依次是粮经类产品类型的企业、果品类和蔬菜类企业。在成本投入方面，企业成本投入越低，企业获利的可能性才最高，在本研究中，成本投入指标已经经过正向化处理，所以，该项因子得分越高，证明企业的成本投入越低，从图中可以看到，渔业企业的成本投入最低，粮经（及加工品）类企业成本投入次之，剩余依次是畜禽（及产品）类企业、蔬菜、果品类企业。在企业管理方面，粮经类企业的管理水平最高，因子得分均值在0.4以上，其次为蔬菜类企业、畜禽（及产品）企业、渔业和果品类企业。在承担社会责任能力方面，各类行业相差较小，其因子得分

均值都在-0.2～0.2之间，说明这些好品牌企业对于农户的带动具有一定的作用，其中，畜禽（及产品）类企业承担社会责任能力最强，其次为蔬菜类企业、果品类企业、粮经类和渔业企业。在企业营利能力方面，蔬菜类企业得分均值最高，其次为果品企业、粮经类企业、畜禽（及产品）类企业和渔业。

综合上述各方面发展能力的分析，从企业的综合发展能力来看，畜禽（及产品）类企业的综合发展能力最强，渔业次之，粮经类企业发展能力居中，蔬菜类企业的综合得分均值也位于0以上，总体情况较好，果品企业的综合发展能力较弱，有待加强。

第五章　北京地理标志农产品数字消费行为研究

一、北京地理标志农产品消费者数字消费行为现状

　　随着数字经济的增长，地理标志产品的数字市场也在迅速发展。北京人口众多，截至2024年底有2 100多万常住人口，其农产品的消费市场前景广阔。据测算，北京年消费量约1 000万吨蔬菜、150万吨肉类、110万吨牛奶和25万吨鸡蛋，证明北京地区农产品的需求是巨大的，而且这仅仅是北京本地消费量。

　　根据阿里巴巴发布的农产品电商报告，北京在农产品电商消费排名前10的省份中，排在第7位。同时，北京市高收入人群数量庞大，2022年，北京市人均可支配收入77 415元，比全国人均可支配收入高出4.1万元，高于一线城市平均数值，在全国处于领先水平。北京数字消费者收入水平高、消费能力强，在农产品品类中更青睐具有优良品质、地方特色的地理标志性品牌农产品。根据京东发布的《2018—2022地标农产品上行趋势分析》，农产品行业新的增长点在于地理标志农产品。从2018年到2022年，带有地理标志的农产品消费年均增长36%，总体增速比一般农产品高4个百分点。北京是消费者最倾向于寻找有地理标志的农产品的省份之一，对原产地标签的接受程度较高，在有地理标志的农产品上的花费高于一般农产品，对有地理标志的农产品有较高的偏好。

　　为深入了解北京地理标志农产品数字消费现状，本研究采用问卷调查法，调研问卷分成两个部分：第一部分是调研对象的性别、年龄、受教育程度、职业、月收入、常住地是否在北京等个人特征相关问题，以及购买种类、渠道、频率、花费等数字消费行为相关问题。第二部分是基于SICAS消费者行为理论模型，以北京地理标志农产品数字消费过程中消费者的感知

印象、兴趣与互动、连接与沟通、购买、分享5个环节及数字消费意愿设计问题。调研问卷通过线上发放，随机抽取全国范围内、通过数字化技术手段购买北京35个地理标志农产品的消费者为调研对象进行调研。本次问卷共发放315份，回收有效问卷306份，问卷有效率97.14%。通过对回收问卷基本数据的统计与分析，了解北京地理标志性农产品数字消费现状，结果如下。

（一）数字消费者个人特征

从表5-1中可以看出，在306名消费者中，男性有126人，占总样本的41.18%；女性有180人，占总样本的58.82%，女性消费者高于男性消费者。农产品是生活必需品，在这个品类中，男女消费者比例差异度较小，但由于女性购物欲望往往高于男性，所以女性消费者比例还是高于男性消费者。

表5-1　消费者个人特征

名称	选项	样本数（份）	百分比（%）
性别	男	126	41.18
	女	180	58.82
年龄	<18 岁	25	8.17
	18～40 岁	169	55.23
	>40～65 岁	69	22.55
	>65 岁	43	14.05
受教育程度	高中及以下	9	2.94
	大学专科	71	23.21
	大学本科	158	51.63
	硕士研究生及以上	68	22.22
职业	政府／事业单位员工	52	16.99
	企业单位员工	98	32.03
	自由职业者	101	33.01
	学生	25	8.17
	其他	30	9.80

续 表

名称	选项	样本数（份）	百分比（%）
月收入	≤ 5 000元	33	10.78
	>5 000～10 000元	91	29.74
	>10 000～15 000元	88	28.76
	>15 000～20 000元	48	15.69
	>20 000元	46	15.03
常住地为北京	是	206	67.32
	否	100	32.68

资料来源：根据问卷整理。

从年龄段来看，消费者处于18～40岁青年阶段的人数最多，有169人，占总样本的55.23%；40～65岁（不含40岁）中年阶段人数次之，有69人，占总样本的22.55%；65岁以上老年阶段人数较少，有43人，占总样本的14.05%；18岁以下未成年人最少，仅有25人，占总样本的8.17%。中青年人处于人生奋斗阶段，拥有稳定的收入，且受互联网影响较深，社交平台使用率更高，是北京地理标志性农产品数字消费的主力军。

从受教育程度数据来看，样本中高中及以下学历有9人，占总样本的2.94%；大学专科71人，占总样本的23.21%；大学本科有158人，占总样本的51.63%；硕士研究生及以上有68人，占总样本的22.22%。由此可以看出，北京地理标志性农产品的数字消费群体涉及广泛，集中在大学及以上学历的高学历群体比例较高，数字消费依托于数字技术，对消费者有一定的操作门槛，高学历人群知识面更广，接受新事物的能力更强，能更快接受和掌握数字消费。

从职业来看，16.99%的消费者为政府/事业单位员工，有52人；32.03%的消费者从事企业单位工作，有98人；33.01%的消费者为自由职业，有101人；其他职业者有30人，占总样本的9.80%；消费者中还有学生25人，占总样本的8.17%。

从月收入来看，消费者月收入处于5 000元及以下的有33人，占总样本量10.78%；5 000～10 000元（不含5 000元）的人数有91人，占总样本的29.74%；月收入10 000～15 000元（不含10 000元）有88人，占总样本的28.76%；15 000～20 000元（不含15 000元）的有48人，占总样本的15.69%；20 000元以上的人数有46人，占总样本的15.03%。综合来看，北京地理标志性农产品数字消费群体中等及以上月收入人数较多，月收入较可观，具有一定的消费能力和消费潜力。

从常住地来看，消费者常住地为北京的人数较多，有206人，常住地在北京以外的100人，分别占总样本的67.32%和32.68%。可以看出，北京地理标志性农产品数字消费的受众者主要在北京，数字消费本身会减弱地域对区域特色农产品的限制影响，但就数据来看，北京地理标志农产品还未走出"京圈"，这可能与北京地理标志农产品的整体知名度较低有关。

（二）数字消费行为

1.消费者数字消费的北京地理标志农产品种类

本研究将北京35个地理标志地理标志性农产品分为禽类、粮食类、瓜果类、蔬菜类、坚果类和花卉类共6类。禽类包括北京鸭、北京油鸡；粮食类包括京西稻；蔬菜类以香椿为细分，包括泗家水红头香椿、上方山香椿、高口红椿；瓜果类包括昌平草莓、海淀玉巴达杏、通州大樱桃、安定桑葚、庞各庄金把黄鸭梨、茅山后佛见喜梨、延庆国光苹果、延怀河谷葡萄、大兴西瓜、京白梨、房山磨盘柿、平谷大桃、张家湾葡萄、昌平苹果、桥梓尜尜枣、北寨红杏、长辛店白枣、门头沟京西白蜜、延庆香白杏、西峰山小枣；坚果类以板栗为细分，包括燕山板栗、密云甘栗、怀柔板栗；花卉类包括妙峰山玫瑰、丰台芍药、花乡月季、花乡牡丹、花乡茉莉、草桥菊花。消费者购买北京地理标志农产品的选择是多样化的，但也呈现一定的集中趋势。从图5-1来看，消费者购买北京地理标志性农产品最多的种类是瓜果类，占比75.49%；第二是以板栗为代表的坚果类，占比65.69%；第三是以北京鸭、北京油鸡为代表的禽类，占比44.44%；第四和第五是以各区县香椿为细分的蔬菜类和京西稻为主的粮食类，两者购买率相近，分别占比33.33%和26.14%，购买最少的是花卉类，仅占比15.36%（此题为多项选择题）。

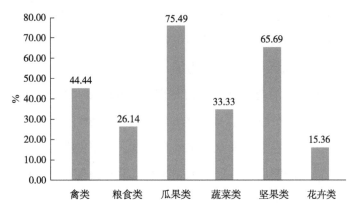

图5-1　数字消费北京地理标志农产品种类

2.北京地理标志农产品数字消费渠道

消费者数字消费北京地理标志农产品渠道比例如图5-2所示，此题为多项选择题，由图中数据可以看出，在以淘宝、京东、拼多多为主流的购物平台，多点、京东到家等数字化新零售平台，快团团等社区团购平台和以抖音、小红书为代表的社交平台中这4种主要的北京地理标志性农产品在线购买渠道中，小红书、抖音等社交平台购买更受消费者的喜爱，占比高达74.51%；淘宝、京东、拼多多为主流的购物平台次之，占比71.57%，差距较小；第三名是以快团团、多多买菜等为代表的社区团购平台，占比55.56%；而多点、京东到家等以线下商超为主体的新零售平台受众最少，占比仅为14.05%。根据相关研究表明，在线交易的便捷性和熟悉度会增加消费者的使用信任，从而增强购买意愿。电子商务在农产品市场大规模流行以前，消费者就已适应了购物平台购买的方式，当电子商务走进农产品市场，与农产品深度融合时，购物平台这一熟悉的购买渠道就成为消费者不可或缺的选择。并且，随着互联网时代的变迁，消费者的消费模式和需求也随之改变，人们重视互动分享，愿意从他人经验中"种草"，创新的营销内容更容易引起消费者兴趣，使小红书、抖音等平台成为新兴的热门购物渠道。社区团购融合线上线下双重消费优势，具有价格低、易提货、时效强等特点，在新冠疫情期间，迅速成为最受消费者欢迎的购买渠道，在后疫情时代，社区团购凭借高性价比和便利性依旧备受消费者喜爱。因为北京地理标志性农产品是区域特色农产品，瓜果类、板栗坚果类、香椿等产品都具有鲜明的季节性、地域性，部分产品知名度较低，大型商超并不会上架这些产品，所以在购买北京地理标志性农产品时，以线下商超为主体的多点等新零售平台不是消费者的主要选择，同时，对于北京地区以外的消费者，购买北京区域特色农产品，购物平台、社交平台会更加便利。

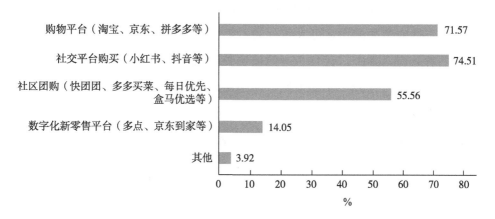

图5-2　数字消费北京地理标志农产品渠道

3.一年内数字消费北京地理标志农产品的次数

消费者一年内通过数字支付等手段购买农产品的频率如图5-3所示，在全部受访者中，消费者选择购买5次及以下和20次以上的比例相对较少，分别为10.13%和13.07%，选择购买6~10次、16~20次的比例相对较多，分别为22.88%、23.53%，购买11~15次的人数最多，占比30.39%。综合来看，消费者对北京地理标志性农产品的购买频率处于中等水平。

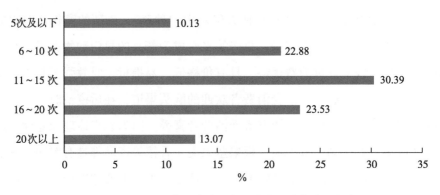

图5-3　数字消费北京地理标志农产品次数（一年）

4.数字消费北京地理标志农产品用途

消费者数字消费北京地理标志农产品用途分布如图5-4所示。购买北京地理标志性农产品的用途可大致分为3类：一是自己使用；二是礼赠他人；三是两者兼有。其中，有11.76%的被调查者购买北京地理标志性农产品是为了自己使用，有52.29%的被调查者是用来礼赠他人，有35.95%的被调查者既需要自己使用，也用来礼赠他人。作为地理标志性农产品，相对普通农产品来说，其知名度更高，具有更高的礼赠价值，消费者在自己享用的同时也会用来礼赠他人，商家可以从提升农产品文化内涵和加强农产品包装设计入手，增加其礼用等附加值。

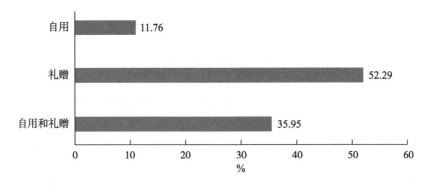

图5-4　数字消费北京地理标志农产品用途

5.年平均每月数字消费北京地理标志农产品的费用

消费者平均每月数字消费北京地理标志性农产品费用如图5-5所示，从图中可以看出，购买北京地理标志性农产品年平均月支出额在500～1 000元和1 000～2 000元（不含1 000元）的人数最多，两者相似，分别占总样本量的30.07%和30.39%；其次是年平均月支出额在500元以下的，占总样本量的20.26%；年平均月支出额在2 000元以上的人数最少，占总样本量的19.28%。从被调查者北京地理标志性农产品年平均月支出额度来看，大部分的消费者支出额度是比较少的，农产品是民生用品，价格相对较低，且北京本土各类农产品知名度有待提高，在京外地区受众较少，京内地区除瓜果类市场份额较高，其他种类产品都受外来农产品冲击，市场较小。

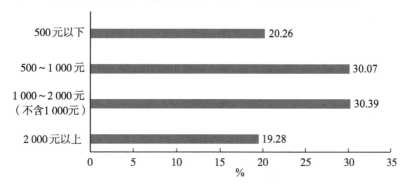

图5-5　平均每月数字消费北京地理标志农产品费用

6.数字消费北京地理标志农产品最看重的因素

消费者数字消费北京地理标志性农产品看重的产品因素如图5-6所示（多选题），从图中可以看出，消费者在线购买北京地理标志性农产品最看重的因素是品牌知名度高和数字消费具有便利性，选择这两项因素的比例均为77.45%；第二是商家服务好，选择此项因素的比例为64.38%；排在第三的因素是产品质量好，选择此项因素的比例为61.11%；第四个因素是产品价格实惠，选择此项因素的比例为44.77%；其他因素占比极小，为0.65%。

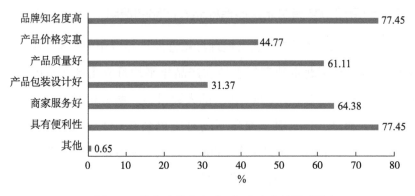

图5-6 数字消费北京地理标志农产品看重因素

二、北京地理标志农产品数字消费市场现存问题

（一）部分北京地理标志农产品品牌化建设不足，消费者感知度低

　　截至2022年，北京共有地理标志农产品35个，但一部分主要为农副产品或其加工产品，且农业在北京并不是主导产业，相较于其他地区，北京耕地面积有限，不能走扩产路线，农产品产值较低。北京地理标志农产品品牌建设主要聚焦于瓜果类农产品，所以在北京35种地理标志性农产品中，大家耳熟能详的一般是瓜果类，如平谷大桃、昌平草莓、大兴西瓜、京白梨、延庆国光苹果等，但其他瓜果类产品和其他品类特色农产品知名度较低，消费者感知、认可度也较低。注册商标不代表创立了品牌，获得地理标志认证只是开始，同种类农产品之间具有高度同质化特点，本身竞争激烈，而数字化消费场景为消费者提供了更多的选择对比空间，农产品产地、品质、附加价值、价格等方面的优势都能为赢得消费者青睐加分，在不断对比中，缺乏特色的农产品难以激发消费者的购买欲望。地理标志农产品相对一般农产品价格较高，深挖品牌价值，打开品牌市场知名度，让消费者认同、赞可品牌附加的品质、文化价值，才能提高自身的市场竞争力。

（二）新媒体宣传缺乏创新

根据相关研究，"90后""00后"是最依赖数字消费的群体。他们更倾向于创新产品，兴趣多样，但品牌忠诚度低。未来，数字消费市场需要关注产品的多样性和服务的丰富性，以满足年轻消费者的需求，同时关注产品内容的持续更新和对新的消费亮点的不断探索，从满足需求到创造需求，吸引更多的消费者，并能以可持续的方式与他们接触。

目前，北京地理标志农产品宣传途径包括百度视频、腾讯视频、微博和农业相关公众号，宣传内容多为产品简介新闻稿和视频，形式单一、内容传统单调且多个平台宣传内容雷同，浏览、播放量低，几乎没有互动量。2022年，北京农产品质量安全中心、北京广播电视台和新闻频道中心联合出品了国家地理标志农产品系列节目宣传片《寻觅京味》，节目在电视频道播放，这是一种形式创新，但随着新媒体的发展，年轻人多依赖电脑、智能手机，信息获取途径从电视端向移动端转移，该宣传纪录片受众群体有限。为推广地理标志农产品，北京也开展了很多线下文旅活动，如举办、参与"中国草莓文化节""世界草莓大会"，开展"北京农业嘉年华"，采用"地理标志+文旅"的模式，开展采摘周和地理标志农产品市集等，但相关信息和宣传以官方新闻发布为主，新媒体社交平台宣传互动少，根据与周围消费者交流及社交平台互动数据来看，相关活动在消费者群体中并未引起广泛热议和共鸣。

（三）数字消费券发放政策有待完善

消费券并不是一种新生事物，在20世纪初期国际经济危机时期，众多国家为缓解经济压力，降低失业率，采取用"券"的方式补贴人们基本生活。我国在2008年全球金融危机环境中，将发放消费券作为应对措施之一。在新冠疫情反复至结束时期，北京市在众多领域发放数字消费券，通过短期大规模以券补贴来刺激消费，助力更多领域复苏，促进经济好转，措施实施取得了良好成效。但就北京地理标志农产品市场来说，数字消费券发放仍存在一些不足。第一，数字消费券可以使用的实体商品类别多集中在汽车、家电、家具等大件商品类别，服务性消费集中在餐饮消费、文娱旅游等，在地理标志农产品类别中投入较小。第二，北京消费券的领取对象需为在京消费者或收货地址为京内的消费者，不能够以此为契机激发京外消费者购买欲望，不利于北京地理标志农产品京外销售市场发展。第三，领取、使用电子消费券对中老年消费者来说存在难度。北京消费券发放渠道分散，如北京经开区通过尚亦城App注册领取，大兴区通过"兴福购"小程序注册领取，西城区通过"西城消费"公众号发放消费券。消费券发放渠道多元化，还能叠加区域补贴，丰富的使用机制给年轻消费者带来优惠的同时也抬高了中老年消费者的使用门槛，并且大部分消费券需要按定点时间拼速度抢券，更增加了中老年消费者领取消费券的难度。第四，消费券的刺激效果具有时滞性。由于部分消费者还未形成数字消费习惯，或者因为对于消费券发放、领取、核销的相关信息宣传不到位导致群众不了解，削弱了消费券在发放当期刺激消费的效果，需要不间断多次发放来增加其功效。第五，监管存在漏洞，出现倒卖等现象。据媒体报道，一些人利用外部软件打造虚拟位置坐标，非法领取和出售代金券进行牟利。消费券二手出售，未能让消费者真正享受到福利，削弱了消费热情，违背了政府发行消费券的根本目的。

（四）销售渠道零散，未能形成整体的消费者数据库

在地理标志农产品销售模式和销售渠道日益多元化背景下，地理标志产品销售迎来新机遇。但根据笔者调查研究发现，目前北京地理标志农产品商家对销售渠道的深入拓展程度不足。网上零售虽然包括抖音、小红书、微信、淘宝、拼多多等多渠道，但大多是简单采用视频、图片、文案等方式展示农产品；在微博、微信、抖音等网络社交平台，通过运营公众号、拍摄短视频、开设直播等形式进行农产品的推广的"自媒体"账号，营销规模非常有限，产品品类少，大多数北京地理标志农产品商家单打独斗，商家账号

粉丝数少、关注度低、成交量少，尚未形成品牌效应。目前，尽管各销售平台存在自己的消费者数据库，但对于北京地理标志性农产品整个区域品牌来讲，尚没有一个主体对其消费者相关数据进行有效整合，形成一个完整、有针对性的数据库，特别是对于品牌建设还很薄弱的北京地理标志农产品品牌来说，缺乏完整的数字消费者数据库，就难以把握消费者偏好和利用大数据推荐来激发消费者潜在需求，仅仅依靠消费者在需求驱动下，从众多产品中主动搜寻，这并不符合现在消费群体的数字消费习惯，不能更好地提高消费者感知度、信任度，从而促进消费。

（五）缺乏分享媒介引导应用，网络口碑营销弱

北京地理标志农产品数字消费市场缺乏对于消费者使用分享媒介的正确引导和运用，网络口碑营销弱。口碑始终是消费者对产品的印象形成、获取信息、引发兴趣到做出购买决策过程中很重要的因素，相关研究发现，口碑在营销中带来的影响甚至大于广告的效用。随着互联网技术的发展，口碑突破了传统形式，形成了网络口碑。简单来说，其成为不同地区的与产品相关联的消费者在购物、社交等网络平台分享观点和购买体验的非正式渠道，它具有传播方式多、速度快、成本低、范围广、持续性强的特点，已经成为网络搜索的新热点。基于消费者的从众心理，网络口碑好的产品会因为群体效应而得到较快的市场扩展，可以有效开发新客户同时留住回头客，提高消费者对于产品的忠诚度。目前，最有效的网络口碑营销工具是小红书，一个基于用户行为的社交媒体分享平台。在数字营销时代，开放和动态的移动社交环境使用户可以随时随地轻松分享所有信息。一个用户分享的笔记会被许多具有相同消费倾向的群体阅读，笔记中的产品描述形成了一个网络口碑广告，因此鼓励了进一步的消费，成为新消费的来源。现在，北京地理标志农产品商家并未重视和积极引导消费者进行社交媒介的运用和网络口碑宣传，农产品宣传呈现是散点式的分布，互动少，无法形成聚力，不利于吸引新消费者和提高原有消费者忠诚度。

三、北京地理标志农产品数字消费行为影响因素实证分析

（一）研究模型与变量选择

1.研究模型

本研究采用多元线性回归分析。回归分析是研究变量之间关系的一个重要工具。它不仅用数学术语显示变量之间的关系，判断所建立公式的有效性，而且还可以确定不同自变量对因变量影响力的大小。根据自变量的数量，有两种类型的线性回归模型：一元线性回归模型和多元线性回归模型。如果只有一个自变量，线性回归模型就是一元线性回归模型；如果有多个自变量，线性回归模型就是多元线性回归模型。

多元线性回归模型阐释了被解释变量和其他解释变量之间的线性关系，提供了自变量和因变量之间的关系，以及自变量对因变量影响的方向和大小的信息，其模型一般表达式为：

$$y = \beta_0 + \beta_1 x_1 + \beta_2 x_2 + \cdots + \beta_i x_i + u \qquad (5\text{-}1)$$

其中，y 是被解释变量（因变量）；x_1，x_2，$\cdots$，x_i 是解释变量（自变量）；β_0 为常数项；β_1，β_2，$\cdots$，β_i 为回归系数，u 是随机误差项。

对 y 和 x 进行 n 次观测，可得到 n 组观测值 y_i，x_{i1}，x_{i2}，$\cdots$，x_{ik}（$i=1$，2，$\cdots$，n），它们满足关系式：

$$y_i = \beta_0 + \beta_1 x_{i1} + \beta_2 x_{i2} + \cdots + \beta_k x_{ik} + u \qquad (5\text{-}2)$$

记

$$y = \begin{bmatrix} y_1 \\ y_2 \\ \vdots \\ y_n \end{bmatrix}, \ x = \begin{bmatrix} 1 & x_{11} & \cdots & x_{1k} \\ 1 & x_{21} & \cdots & \vdots \\ \vdots & \vdots & \vdots & x_{2k} \\ 1 & x_{n1} & \cdots & x_{nk} \end{bmatrix}, \ b = \begin{bmatrix} b_1 \\ b_2 \\ \vdots \\ b_k \end{bmatrix}, \ \mu = \begin{bmatrix} \mu_1 \\ \mu_2 \\ \vdots \\ \mu_n \end{bmatrix} \qquad (5\text{-}3)$$

其中，y 是 $n \times 1$ 维的观测向量；x 是 $n \times (k+1)$ 维的已知设计矩阵，β 是 $(k+1) \times 1$ 维的未知参数向量；u 是 $n \times 1$ 维的随机误差量，则模型（5-2）可写为：

$$y = x\beta + u \tag{5-4}$$

线性回归模型需要满足如下假设：

（1）随机误差项 u 是一个随机变量，其分布满足 $u \sim N(0, \sigma^2)$，即 u 满足同方差假设。

（2）随机误差项之间不同的观测值不相关，即

$$E(u_i u_j) = 0 \quad (i \neq j) \tag{5-5}$$

在满足正态假定条件下，各随机误差项 u_i 间相互独立。误差项 u 在某一期间内所取的值与其他任何时期所取的值无关，在计量经济学上称为 u 的无自相关性或序列无序性。

（3）解析变量 x 与随机误差项 u 不相关，即

$$\text{Cov}(x_i, u_i) = 0 \tag{5-6}$$

（4）x 为一个非随机矩阵，且为满秩矩阵。

2.变量选择

本研究实证分析采用多元线性回归分析方法。通过阅读相关文献并结合北京地理标志性农产品发展现状，以及前文基于 SICAS 消费者行为模型的问卷数据，以体现北京地理标志性农产品消费者数字消费体验的量表题项总结出研究变量，探究消费者数字消费影响因素，为方便分析，将相关题项进行编码，分别对应 A、B、C、D、E，感知印象维度 5 道题分别为 A1、A2、A3、A4、A5；兴趣与互动维度 4 道题分别为 B1、B2、B3、B4；连接与沟通维度 3 道题为 C1、C2、C3；购买维度 4 道题为 D1、D2、D3、D4；分享维度 3 道题为 E1、E2、E3。编码对应如表 5-2 所示。

表5-2　变量编码表

维度	题目	变量	编码
感知印象	北京地理标志性农产品品牌知名度高	品牌知名度	A1
	我能从各种互联网途径（搜索引擎、电商平台、朋友圈、广告推送、社群等）认识和接触北京地理标志性农产品	渠道易感度	A2
	我了解北京地理标志性农产品	产品了解度	A3
	数字化购买北京地理标志性农产品价格实惠	产品价格优惠	A4
	数字化购买北京地理标志性农产品质量可靠	产品质量可靠	A5
兴趣与互动	代言人等意见领袖能够激发我进一步了解北京地理标志性农产品的兴趣	代言人效应	B1
	北京地理标志性农产品商家线上展示内容常常更新，对我的评论点赞行为积极回应	互动活跃度	B2
	目前北京地理标志性农产品线上展示的与品牌、产品、价格、服务等宣传内容契合我的兴趣需求	宣传内容有用性	B3
	目前北京地理标志性农产品线上展示的与品牌、产品、价格、服务等宣传内容创新、形式多样	宣传内容吸引力	B4
连接与沟通	通过大数据推荐等数字化途径，我能精准、快速找到需要的北京地理标志性农产品	大数据推荐精准度	C1
	北京地理标志性农产品销售商家的线上客服能快速响应我的咨询、购买需求	响应即时度	C2
	在线评论内容会影响我对该产品的信任度	产品信任度	C3
购买	北京地理标志性农产品提供了便利快捷的数字化购买方式和途径	消费便利性	D1
	消费券的发放会刺激我的购买	消费券激励性	D2
	对交易风险的担心会影响我的购买决策	交易风险性	D3
	北京地理标志性农产品商家通过微信公众号或小程序、群消息等方式，不定期为我提供产品信息及优惠信息使我愿意再次消费	关系黏附性	D4
分享	基于北京地理标志性农产品商家提供的购买积分或赠送增值服务等激励，我愿意去社交平台分享产品的购买体验	关系利好性	E1
	类似"一键转发"的便捷分享方式会促使我分享	通道易用性	E2
	当他人有农产品购买需求时，自身良好的数字化购买体验感能促进我向他人推荐北京地理标志性农产品	体验满意度	E3

（二）变量分析和假设

1.感知印象对北京地理标志农产品数字消费意愿影响

感知印象是消费者购买决策过程的第一步，对产品知名度的认可度、产品特点的了解度、产品自身品质质量、产品价格是否合理，具有高性价比都是数字消费者关心的因素，也是下一步兴趣互动的基本前提。互联网时代，数字技术飞速发展，应用好各方资源，通过电商平台、朋友圈、广告推送、社群等互联网途径，提升消费者对北京地理标志性农产品的接触度、了解度，能够促进消费者消费意愿。因此，本研究提出假设：

H_{A1}：品牌知名度正向影响消费者北京地理标志农产品数字消费意愿；

H_{A2}：渠道易感度正向影响消费者北京地理标志农产品数字消费意愿；

H_{A3}：产品了解度正向影响消费者北京地理标志农产品数字消费意愿；

H_{A4}：产品价格优惠正向影响消费者北京地理标志农产品数字消费意愿；

H_{A5}：产品质量可靠正向影响消费者北京地理标志性农产品数字消费意愿。

2.兴趣与互动对北京地理标志农产品数字消费意愿影响

运用代言人是目前最常见的提升消费者兴趣的营销策略，代言人会直接或间接增加消费者对该产品的偏好，并作为桥梁建立起消费者与商家之间的联系，影响消费者数字消费意愿。同时，在消费者与商家建立初期感知后，消费者会对品牌及产品或服务产生一定的兴趣，在这个阶段，商家宣传内容的创新有趣性和能否匹配到消费者兴趣点，满足宣传有用性非常重要，单纯依靠提高曝光量和覆盖率来扩大影响力的方式难以达到预期效果，商家与消费者能否形成有效互动也会影响消费意愿，为下一步与消费者建立连接奠定基础。因此，本研究提出假设：

H_{B1}：代言人效应正向影响消费者北京地理标志农产品数字消费意愿；

H_{B2}：互动活跃度正向影响消费者北京地理标志农产品数字消费意愿；

H_{B3}：宣传内容有用性正向影响消费者北京地理标志农产品数字消费意愿；

H_{B4}：宣传内容吸引力正向影响消费者北京地理标志性农产品数字消费意愿。

3.连接与沟通对北京地理标志农产品数字消费意愿影响

在建立感知、激发消费者兴趣从而形成有效互动后，商家需要和消费者进一步建立连接，保持有效沟通。这个过程中，商家通过大数据精准有效推荐产品，能够及时留住消费者。同时，在线评论是消费者群体的真实消费反馈，是其他消费者信任产品产生消费行动的重要方面，商家对消费者有关产品详情、售后服务等问题及时反馈，管理好在线评论内容，增加有效、正向的评论内容可以将消费者的消费兴趣转化为消费行动。因此，本研究提出假设：

H_{C1}：大数据推荐精准度正向影响消费者北京地理标志性农产品数字消费意愿；

H_{C2}：响应即时度正向影响消费者北京地理标志性农产品数字消费意愿；

H_{C3}：产品信任度正向影响消费者北京地理标志性农产品数字消费意愿。

4.购买过程对北京地理标志农产品数字消费意愿影响

相对于传统消费者，数字消费对消费者应用电子设备、操作浏览页面等能力提出更高要求，消费渠道的便利性既方便消费者能够快速掌握消费方法也能降低消费者的时间成本，消费便利性会提高消费者的数字消费意愿。数字消费券是一种短期刺激手段，是提升数字消费的有效策略，数字消费券的发放会提高消费者的数字消费意愿。网络在给消费者带来便利的同时也增加了潜在交易风险，在数字消费过程中，消费者对于交易风险性的担忧会降低其消费欲望。在消费者对产品进行咨询后，交易成功的消费者成为老客户，要关注其复购率，没有交易成功的消费者也会成为潜在客户，对于老客户和潜在客户，商家都需要通过不定期推送产品信息、优惠活动来提升与消费者之间的关系黏附性，从而提高消费者的消费或再次消费意愿。因此，本研究提出假设：

H_{D1}：消费便利性正向影响消费者北京地理标志农产品数字消费意愿；

H_{D2}：消费券激励性正向影响消费者北京地理标志农产品数字消费意愿；

H_{D3}：交易风险性正向影响消费者北京地理标志农产品数字消费意愿；

H_{D4}：关系黏附性正向影响消费者北京地理标志农产品数字消费意愿。

5.分享阶段对北京地理标志农产品数字消费意愿影响

消费者完成购买后，通常会把自己的消费体验进行分享。由于互联网信息的碎片化和开放性让体验和分享能够在消费者中动态流转，从而使一次消费的末端分享阶段能够成为下一次购物开始的开端，激发潜在消费。在此阶段，商家通过给予积分、返利等激励会促进消费者主动进行分享，消费体验的满意程度和分享渠道的易用性也会影响消费者的分享意愿。因此，本研究提出假设：

H_{E1}：关系利好性正向影响消费者北京地理标志农产品数字消费意愿；

H_{E2}：通道易用性正向影响消费者北京地理标志农产品数字消费意愿；

H_{E3}：体验满意度正向影响消费者北京地理标志农产品数字消费意愿。

（三）回归分析

1.信度分析

本研究中对于北京地理标志农产品消费者数字化消费行为的实证分析数据来源于附录页调研问卷，为探究何种变量会影响消费者的数字消费行为，对问卷数据进行整理后通过SPSS软件进行实证分析，为了保证问卷设置的可靠性，首先对调研问卷进行信度分析。

信度是衡量测试变量相对于测试对象的可靠性，其决定了一组被测变量是否为测试对象。克朗巴哈系数（Cronbach's α）是一个比较常见的可靠性分析指标，其系数值越大，测试变量的可靠性越高。如果系数值高于0.8，就表明信度高；如果系数值处于0.7～0.8之间，就表明信度较好；如果系数值处于0.6～0.7之间，就表明信度可以接受；如果系数值小于0.6，则说明信度不佳。

（1）感知印象信度分析

由表5-3可知，感知印象维度整体信度系数值为0.897，高于0.8，表明数据在信度质量上是可靠的。此外，CITC值均在0.4以上，说明分析项之间有良好的相关性，同时表明信度良好。"项已删除的α系数"均大于0.8，意味着删除任意题项都不会使整体信度明显上升，所以各题项均保留。综合以上分析，该维度数据可靠，可以用于进一步分析。

表5-3 感知印象信度分析

Cronbach信度分析			
名称	校正项总计相关性（CITC）	项已删除的α系数	Cronbach's α系数
A1	0.764	0.870	
A2	0.713	0.881	
A3	0.756	0.872	0.897
A4	0.757	0.872	
A5	0.738	0.876	
标准化Cronbach α系数：0.897			

（2）兴趣与互动信度分析

由表5-4可知，兴趣与互动维度整体信度系数值为0.879，高于0.8，表明数据在信度质量上是可靠的。此外，CITC值均在0.4以上，说明分析项之间有良好的相关性，同时表明信度良好。"项已删除的α系数"均大于0.8，意味着删除任意题项都不会使整体信度明显上升，所以各题项均保留。综合以上分析，该维度数据可靠，可以用于进一步分析。

表5-4　兴趣与互动信度分析

Cronbach信度分析			
名称	校正项总计相关性（CITC）	项已删除的 α 系数	Cronbach's α 系数
B1	0.753	0.839	
B2	0.759	0.836	0.879
B3	0.758	0.837	
B4	0.683	0.865	
标准化 Cronbach α 系数：0.879			

（3）连接与沟通信度分析

由表5-5可知，连接与沟通维度整体信度系数值为0.728，高于0.7，表明数据在信度质量上是可靠的。此外，CITC值均在0.4以上，说明分析项之间有良好的相关性，同时表明信度良好。"项已删除的 α 系数"均大于0.5，意味着删除任意题项都不会使整体信度明显上升，所以各题项均保留。综合以上分析，该维度数据可靠，可以用于进一步分析。

表5-5　连接与沟通信度分析

Cronbach信度分析			
名称	校正项总计相关性（CITC）	项已删除的 α 系数	Cronbach's α 系数
C1	0.604	0.576	
C2	0.497	0.702	0.728
C3	0.552	0.639	
标准化 Cronbach α 系数：0.728			

（4）购买维度信度分析

由表5-6可知，购买维度整体信度系数值为0.864，高于0.8，表明数据在信度质量上是可靠的。此外，CITC值均在0.4以上，说明分析项之间有良好的相关性，同时表明信度良好。"项已删除的 α 系数"均大于0.8，意味着删除任意题项都不会使整体信度明显上升，所以各题项均保留。综合以上分析，该维度数据可靠，可以用于进一步分析。

表5-6 购买维度信度分析

Cronbach信度分析			
名称	校正项总计相关性（CITC）	项已删除的 α 系数	Cronbach's α 系数
D1	0.702	0.831	
D2	0.731	0.819	0.864
D3	0.698	0.833	
D4	0.720	0.823	
标准化 Cronbach α 系数：0.864			

（5）分享维度信度分析

由表5-7可知，分享维度整体信度系数值为0.853，高于0.8，表明数据在信度质量上是可靠的。此外，CITC值均在0.4以上，说明分析项之间有良好的相关性，同时表明信度良好。"项已删除的 α 系数"均大于0.7，意味着删除任意题项都不会使整体信度明显上升，所以各题项均保留。综合以上分析，该维度数据可靠，可以用于进一步分析。

表5-7 分享维度信度分析

Cronbach信度分析			
名称	校正项总计相关性（CITC）	项已删除的 α 系数	Cronbach's α 系数
E1	0.719	0.800	
E2	0.737	0.782	0.853
E3	0.718	0.801	
标准化 Cronbach α 系数：0.853			

（6）信度分析汇总

信度分析汇总结果如表5-8所示，总体来说，问卷的"感知印象""兴趣与互动""连接与沟通""购买""分享"5个阶段的量表信度均在良好范围，表明量表具有较高的信度，可以用于进一步分析。

表5-8　信度分析汇总表

维度	克隆巴赫系数	项数
感知印象	0.897	5
兴趣与互动	0.879	4
连接与沟通	0.728	3
购买	0.864	4
分享	0.853	3

2.效度分析

效度指研究数据的有效程度，强调调查方法对被调查对象的反映程度，用来分析问题项是否相关和有效。在数据分析方法中，采用因子分析法进行有效性分析，综合分析KMO值、共同度、方差解释值、因子载荷系数等指标来检验数据的有效性水平。本研究问卷消费者数字消费体验调查数据效度分析如下。

KMO值用于确定所提取信息的适用性，共同度值用于排除掉不合理研究项，方差解释率值用于表示提取信息的水平，因子载荷系数用于评估因子与研究项之间的对应关系。如表5-9所示，所有研究项的共同度值都大于0.4，表明可以从各研究项中有效提取信息；KMO值为0.907，大于0.6，表明可以从数据中有效提取信息。此外，5个因子的方差解释率值分别为18.890%、15.609%、15.187%、12.101%和10.375%，旋转后的累积方差解释率为72.162%，大于50%，说明可以从研究项中有效提取信息。最后，结合因子载荷系数，确认了因子与研究项之间的对应关系，因子载荷的绝对值都大于0.4，说明因子与研究项之间存在对应关系；所有题项均只在单一维度载荷高于0.5，说明是有效的题项，通过了效度检验，被保留下来。

表5-9　效度分析表

名称	因子载荷系数					共同度（公因子方差）
	因子1	因子2	因子3	因子4	因子5	
A1	0.800	0.138	0.087	0.164	0.214	0.739
A2	0.766	0.207	0.162	0.110	0.083	0.674
A3	0.806	0.102	0.154	0.192	0.085	0.728
A4	0.815	0.160	0.189	0.093	0.057	0.737
A5	0.777	0.131	0.117	0.188	0.169	0.699
B1	0.215	0.801	0.136	0.144	0.143	0.747
B2	0.102	0.810	0.188	0.204	0.145	0.764
B3	0.208	0.776	0.149	0.139	0.251	0.750
B4	0.146	0.808	0.114	0.071	0.075	0.697
C1	0.201	0.286	0.066	0.214	0.717	0.686
C2	0.061	0.072	0.154	0.114	0.783	0.659
C3	0.221	0.196	0.178	0.044	0.726	0.649
D1	0.103	0.074	0.821	0.132	0.113	0.720
D2	0.182	0.212	0.791	0.108	0.128	0.731
D3	0.167	0.142	0.784	0.131	0.107	0.691
D4	0.168	0.140	0.783	0.198	0.114	0.714
E1	0.205	0.186	0.181	0.811	0.080	0.773
E2	0.178	0.139	0.206	0.806	0.214	0.789
E3	0.240	0.172	0.166	0.800	0.096	0.764
特征根值（旋转前）	7.475	1.909	1.771	1.340	1.216	—
方差解释率（旋转前）	39.344%	10.046%	9.320%	7.053%	6.399%	—
累积方差解释率（旋转前）	39.344%	49.390%	58.710%	65.763%	72.162%	—
特征根值（旋转后）	3.589	2.966	2.886	2.299	1.971	—
方差解释率（旋转后）	18.890%	15.609%	15.187%	12.101%	10.375%	—
累积方差解释率（旋转后）	18.890%	34.499%	49.687%	61.787%	72.162%	—
KMO 值	0.907					—
巴特球形值	3 111.419					—
df	171					—
p 值	0.000					—

3.数字消费意愿现状分析

对消费者数字消费体验的5个阶段进行描述性分析，反应现状看平均值，从表5-10可以看出，感知印象、兴趣与互动、购买、分享4个阶段的平均值都接近3，原始量表中3=一般；连接与沟通阶段平均值接近4，原始量表中4=同意，即满意。从整体来看，消费者目前的数字消费体验一般，还有提升的空间。

表5-10　数字消费意愿现状分析表

基础指标						
名称	样本量	最小值	最大值	平均值	标准差	中位数
感知印象	306	1.000	5.000	3.339	1.046	3.600
兴趣与互动	306	1.000	5.000	3.316	1.069	3.500
连接与沟通	306	1.000	5.000	3.637	0.991	4.000
购买	306	1.000	5.000	3.462	1.058	3.500
分享	306	1.000	5.000	3.279	1.105	3.333

4.差异性分析

（1）性别与消费者数字消费体验

性别为男性（1.0）、女性（2.0）二分类变量，采用独立样本t检验不同性别的消费者在数字消费体验上是否存在差异。

从表5-11可以看出，不同性别样本对于感知印象、连接与沟通、购买、分享共4项p值均大于0.05，表明在感知印象、连接与沟通、购买、分享4个维度，不同性别样本对于数字消费体验全部表现出一致性，不存在差异。在兴趣与互动维度呈现出0.05水平显著性（$t=2.066$，$p=0.040<0.05$），具体对比差异可知，男性（10）的平均值3.47，明显高于女性（20）的平均值3.21。

表5-11　不同性别消费者数字消费体验差异性分析表

名称	性别（平均值 ± 标准差）		t	p
	1.0（n=126）	2.0（n=180）		
感知印象	3.36 ± 0.95	3.32 ± 1.11	0.349	0.727
兴趣与互动	3.47 ± 1.01	3.21 ± 1.10	2.066	0.040*
连接与沟通	3.71 ± 0.86	3.58 ± 1.07	1.184	0.237
购买	3.57 ± 0.97	3.39 ± 1.11	1.474	0.142
分享	3.40 ± 1.05	3.19 ± 1.14	1.601	0.110

t检验分析结果

注：* $p<0.05$，** $p<0.01$。

（2）年龄与消费者数字消费体验

年龄分类为18岁以下（1.0）、18～40岁（2.0）、40～65岁（不含40岁）（3.0）、65岁及（4.0）4类，选择单因素方差分析不同年龄阶段消费者的数字消费体验是否存在差异。

从表5-12可以看出，p值均大于0.05，即在感知印象、兴趣与互动、连接与沟通、购买、分享5个维度，不同年龄样本对于数字消费体验一致，不存在差异性。

表5-12　不同年龄段消费者的数字消费体验差异性分析表

方差分析结果

名称	年龄（平均值 ± 标准差）				F	p
	1.0（n=25）	2.0（n=169）	3.0（n=69）	4.0（n=43）		
感知印象	3.43 ± 1.04	3.32 ± 1.04	3.37 ± 1.04	3.29 ± 1.09	0.131	0.941
兴趣与互动	3.40 ± 1.08	3.35 ± 1.05	3.25 ± 1.10	3.26 ± 1.13	0.242	0.867
连接与沟通	3.51 ± 0.90	3.69 ± 0.94	3.59 ± 1.03	3.57 ± 1.17	0.434	0.729
购买	3.75 ± 0.96	3.43 ± 1.10	3.38 ± 1.01	3.55 ± 1.03	0.906	0.438
分享	3.37 ± 0.95	3.27 ± 1.12	3.16 ± 1.13	3.43 ± 1.09	0.611	0.608

注：* $p<0.05$，** $p<0.01$。

（3）受教育程度与消费者数字消费体验

受教育程度分为高中及以下（1.0）、大学专科（2.0）、大学本科（3.0）、硕士研究生及以上（4.0）4类，采用单因素方差分析不同的教育程度消费者的数字消费体验是否存在差异。

从表5-13可以看出，p值均大于0.05，即在感知印象、兴趣与互动、连接与沟通、购买、分享5个维度，不同受教育程度样本对于数字消费体验一致，不存在差异性。

表5-13　不同受教育程度消费者的数字消费体验差异性分析表

方差分析结果						
名称	受教育程度（平均值 ± 标准差）				F	p
	1.0（n=9）	2.0（n=71）	3.0（n=158）	4.0（n=68）		
感知印象	3.47 ± 0.82	3.24 ± 1.07	3.34 ± 1.02	3.42 ± 1.11	0.386	0.763
兴趣与互动	3.39 ± 1.05	3.21 ± 1.10	3.30 ± 1.03	3.45 ± 1.14	0.583	0.626
连接与沟通	3.81 ± 0.65	3.58 ± 1.01	3.65 ± 0.98	3.64 ± 1.05	0.193	0.901
购买	3.75 ± 0.80	3.40 ± 1.11	3.41 ± 1.06	3.59 ± 1.03	0.737	0.530
分享	3.78 ± 0.67	3.12 ± 1.17	3.28 ± 1.05	3.37 ± 1.20	1.254	0.290

注：* p<0.05，** p<0.01。

（4）职业与消费者数字消费体验

职业分为政府/事业单位员工（1.0）、企业单位员工（2.0）、自由职业者（3.0）、学生（4.0）、其他（5.0）5类，选择单因素方差分析不同职业消费者的数字消费体验是否存在差异。

从表5-14可以看出，感知印象、兴趣与互动、连接与沟通、分享共4项 p 值均大于0.05，表明在感知印象、兴趣与互动、连接与沟通、分享4个维度，不同职业样本对于数字消费体验表现出一致性，不存在差异。在购买维度，不同职业的数字消费体验呈现出0.05水平显著性（F=2.545，p=0.040<0.05），即存在差异。

表5-14　不同职业消费者的数字消费体验差异性分析表

名称	职业（平均值 ± 标准差）					F	p
	1.0(n=52)	2.0(n=98)	3.0(n=101)	4.0(n=25)	5.0(n=30)		
感知印象	3.45 ± 1.01	3.33 ± 1.04	3.30 ± 1.06	3.43 ± 1.04	3.23 ± 1.12	0.315	0.868
兴趣与互动	3.39 ± 1.01	3.34 ± 1.03	3.32 ± 1.07	3.40 ± 1.08	3.00 ± 1.28	0.772	0.544
连接与沟通	3.89 ± 0.89	3.57 ± 1.04	3.61 ± 1.01	3.51 ± 0.90	3.61 ± 0.99	1.088	0.362
购买	3.51 ± 1.05	3.24 ± 1.02	3.64 ± 1.07	3.75 ± 0.96	3.28 ± 1.10	2.545	0.040*
分享	3.44 ± 1.12	3.16 ± 1.08	3.33 ± 1.11	3.37 ± 0.95	3.12 ± 1.28	0.824	0.510

注：* $p<0.05$，** $p<0.01$。

（5）月收入与消费者数字消费体验

月收入分为5 000元及以下（1.0）、5 000～10 000元（不含5 000元）（2.0）、10 000～15 000元（不含10 000元）(3.0)、15 000～20 000元（不含15 000元）(4.0)、20 000元以上（5.0)5类，选择单因素方差分析不同月收入消费者的数字消费体验是否存在差异。

从表5-15可以看出，在感知印象、兴趣与互动、连接与沟通、购买、分享5个维度，p值均小于0.05，呈现出显著性，意味着不同月收入样本对于数字消费体验均有着差异性。

表5-15　不同月收入消费者的数字消费体验差异性分析表

名称	月收入（平均值 ± 标准差）					F	p
	1.0(n=33)	2.0(n=91)	3.0(n=88)	4.0(n=48)	5.0(n=46)		
感知印象	3.36 ± 1.11	3.09 ± 1.10	3.16 ± 1.06	3.73 ± 0.83	3.75 ± 0.84	5.719	0.000**
兴趣与互动	3.39 ± 1.10	3.11 ± 1.08	3.12 ± 1.05	3.73 ± 0.91	3.61 ± 1.05	4.505	0.002**
连接与沟通	3.53 ± 0.96	3.50 ± 1.07	3.52 ± 1.06	3.88 ± 0.73	3.96 ± 0.88	2.837	0.025*
购买	3.51 ± 0.99	3.19 ± 1.15	3.28 ± 1.09	3.90 ± 0.83	3.88 ± 0.80	6.439	0.000**
分享	3.20 ± 1.00	3.04 ± 1.08	3.13 ± 1.16	3.58 ± 0.98	3.78 ± 1.05	4.974	0.001**

注：* $p<0.05$，** $p<0.01$。

（6）常住地是否在北京与消费者数字消费体验

常住地是（1.0）否（2.0）在北京为二分类变量，采用独立样本t检验常住地是北京和不是北京的消费者在数字消费体验上是否存在差异。

从表5-16可以看出，不同常住地为北京样本对于感知印象、兴趣与互动、连接与沟通、购买、分享的p值均小于0.05，表明常住地为北京或不在北京不同的样本对于数字消费体验5个阶段均有着差异性，且常住地在北京的平均值均高于常住地不是北京的。

表5-16　不同常住地消费者的数字消费体验差异性分析表

名称	t 检验分析结果			
	常住地为北京（平均值 ± 标准差）		t	p
	1.0（n=206）	2.0（n=100）		
感知印象	3.60 ± 0.92	2.81 ± 1.09	6.215	0.000**
兴趣与互动	3.53 ± 0.95	2.87 ± 1.16	4.965	0.000**
连接与沟通	3.82 ± 0.85	3.27 ± 1.16	4.241	0.000**
购买	3.73 ± 0.89	2.91 ± 1.16	6.186	0.000**
分享	3.54 ± 1.01	2.75 ± 1.11	6.178	0.000**

注：* $p<0.05$，** $p<0.01$。

5.相关性分析

相关性分析是用来检查变量与相关变量之间是否存在相关关系以及程度大小。在开展变量相关性检验过程中，一般使用皮尔逊相关系数来判断变量间的相关程度大小。当皮尔逊相关系数位于0.2～0.4之间时，视为弱相关性；当皮尔逊系数位于0.4～0.6之间时，视为中等强度的相关性；当皮尔逊系数大于0.6时，则视为强相关性。本研究主要分析了购买意愿与A1～E3各项之间的相关性，结果如表5-17所示。

表5-17　相关性分析表

Pearson 相关－标准格式	
	数字消费意愿
A1	0.546**
A2	0.504**
A3	0.500**

Pearson相关 – 标准格式	
	数字消费意愿
A4	0.521**
A5	0.514**
B1	0.506**
B2	0.503**
B3	0.511**
B4	0.458**
C1	0.517**
C2	0.353**
C3	0.463**
D1	0.421**
D2	0.528**
D3	0.461**
D4	0.498**
E1	0.487**
E2	0.453**
E3	0.474**

注：* $p<0.05$，** $p<0.01$。

由表5-17可知，利用相关分析去研究购买意愿分别和A1、A2、A3、A4、A5、B1、B2、B3、B4、C1、C2、C3、D1、D2、D3、D4、E1、E2、E3共19项之间的相关关系。购买意愿和各要素之间的Pearson相关系数值除了C2为0.353，其余均大于0.4，并呈现出0.01的显著性水平，说明购买意愿和各要素之间存在显著的正相关关系。

6.多元回归分析

相关关系能确定两变量间的关系紧密情况和变动方向，但不能确定变量间的因果关系。

验证A1～E3均与数字消费意愿存在相关性后，采用多元回归分析影响因素。

由表5-18可知，将A1、A2、A3、A4、A5、B1、B2、B3、B4、C1、C2、

C3、D1、D2、D3、D4、E1、E2、E3作为自变量，而将数字消费意愿作为因变量进行线性回归分析，模型R^2值为0.619>0.6，意味着A1、A2、A3、A4、A5、B1、B2、B3、B4、C1、C2、C3、D1、D2、D3、D4、E1、E2、E3可以解释数字消费意愿的61.9%变化原因。

表5-18　数字消费体验对消费意愿的影响回归分析表

线性回归分析结果（n=306）									
	非标准化系数		标准化系数	t	p	VIF	R^2	调整R^2	F
	B	标准误	Beta						
常数	−0.209	0.187	−	−1.114	0.266	−	0.619	0.594	F（19，286）=24.507，p=0.000
A1	0.112	0.050	0.131	2.235	0.026*	2.593			
A2	0.032	0.046	0.037	0.700	0.484	2.144			
A3	0.025	0.051	0.029	0.496	0.621	2.498			
A4	0.064	0.049	0.077	1.326	0.186	2.520			
A5	0.046	0.047	0.055	0.980	0.328	2.380			
B1	0.044	0.049	0.052	0.898	0.370	2.512			
B2	0.056	0.049	0.067	1.126	0.261	2.663			
B3	−0.015	0.052	−0.018	−0.295	0.768	2.722			
B4	0.108	0.045	0.124	2.374	0.018*	2.061			
C1	0.117	0.044	0.133	2.678	0.008**	1.858			
C2	0.031	0.038	0.035	0.803	0.423	1.440			
C3	0.078	0.040	0.094	1.976	0.049*	1.702			
D1	0.044	0.046	0.050	0.950	0.343	2.110			
D2	0.098	0.047	0.118	2.092	0.037*	2.381			
D3	0.027	0.043	0.033	0.633	0.527	2.050			
D4	0.075	0.047	0.088	1.613	0.108	2.242			
E1	0.105	0.045	0.125	2.304	0.022*	2.207			
E2	−0.046	0.047	−0.056	−0.967	0.334	2.476			
E3	0.065	0.047	0.075	1.379	0.169	2.230			

注：①因变量：数字消费意愿；

　　②D-W值：1.798；

　　③* $p<0.05$，** $p<0.01$。

对模型进行 F 检验，结论表明模型通过 F 检验（ F=24.507， p=0.000<0.05），即说明 A1、A2、A3、A4、A5、B1、B2、B3、B4、C1、C2、C3、D1、D2、D3、D4、E1、E2、E3 中至少有一项会对数字消费意愿产生影响关系。

检验模型的多重共线性结果显示，模型中 VIF 值全部均小于5，表明模型不存在共线性问题。同时，D-W 值在数字2附近，从而表明模型不存在自相关性，样本数据之间不存在关联关系，模型较好。

具体分析如下。

A1 的回归系数值为 0.112（ t=2.235， p=0.026<0.05），表明 A1 会对数字消费意愿产生显著的正向影响关系；

A2 的回归系数值为 0.032（ t=0.700， p=0.484>0.05），表明 A2 并不会对数字消费意愿产生影响关系；

A3 的回归系数值为 0.025（ t=0.496， p=0.621>0.05），表明 A3 并不会对数字消费意愿产生影响关系；

A4 的回归系数值为 0.064（ t=1.326， p=0.186>0.05），表明 A4 并不会对数字消费意愿产生影响关系；

A5 的回归系数值为 0.046（ t=0.980， p=0.328>0.05），表明 A5 并不会对数字消费意愿产生影响关系；

B1 的回归系数值为 0.044（ t=0.898， p=0.370>0.05），表明 B1 并不会对数字消费意愿产生影响关系；

B2 的回归系数值为 0.056（ t=1.126， p=0.261>0.05），表明 B2 并不会对数字消费意愿产生影响关系；

B3 的回归系数值为 −0.015（ t=−0.295， p=0.768>0.05），表明 B3 并不会对数字消费意愿产生影响关系；

B4 的回归系数值为 0.108（ t=2.374， p=0.018<0.05），表明 B4 会对数字消费意愿产生显著的正向影响关系；

C1 的回归系数值为 0.117（ t=2.678， p=0.008<0.01），表明 C1 会对数字消费意愿产生显著的正向影响关系；

C2 的回归系数值为 0.031（$t=0.803$，$p=0.423>0.05$），表明 C2 并不会对数字消费意愿产生影响关系；

C3 的回归系数值为 0.078（$t=1.976$，$p=0.049<0.05$），表明 C3 会对数字消费意愿产生显著的正向影响关系；

D1 的回归系数值为 0.044（$t=0.950$，$p=0.343>0.05$），表明 D1 并不会对数字消费意愿产生影响关系；

D2 的回归系数值为 0.098（$t=2.092$，$p=0.037<0.05$），表明 D2 会对数字消费意愿产生显著的正向影响关系；

D3 的回归系数值为 0.027（$t=0.633$，$p=0.527>0.05$），表明 D3 并不会对数字消费意愿产生影响关系；

D4 的回归系数值为 0.075（$t=1.613$，$p=0.108>0.05$），表明 D4 并不会对数字消费意愿产生影响关系；

E1 的回归系数值为 0.105（$t=2.304$，$p=0.022<0.05$），表明 E1 会对数字消费意愿产生显著的正向影响关系；

E2 的回归系数值为 -0.046（$t=-0.967$，$p=0.334>0.05$），表明 E2 并不会对数字消费意愿产生影响关系；

E3 的回归系数值为 0.065（$t=1.379$，$p=0.169>0.05$），表明 E3 并不会对数字消费意愿产生影响关系。

总结分析可知，A1、B4、C1、C3、D2、E1 会对购买意愿产生显著的正向影响关系。但是 A2、A3、A4、A5、B1、B2、B3、C2、D1、D3、D4、E2、E3 并不会对数字消费意愿产生影响关系。即北京地理标志性农产品知名度、宣传内容吸引力、大数据推荐精准度、产品信任度、消费券激励、关系利好会影响消费者数字消费意愿。

回归模型为：

$$y=-0.209+0.112 \times A1+0.108 \times B4+0.117 \times C1+0.078 \times C3+0.098 \times D2+0.105 \times E1$$

（四）实证分析结果

1.消费者差异分析结果

根据上文分析表明，不同年龄和不同受教育程度的消费者在数字消费体验各维度上不存在显著差异。不同性别消费者对于北京地理标志性农产品数字购买体验，在感知印象、连接与沟通、购买、分享这4个维度不存在差异，但在兴趣与互动维度呈现出显著差异，且男性得分平均值高于女性，表明男性对宣传内容是否有趣更加看重，这可能因为与女性消费者相比，男性消费欲望、频率更低，创新的宣传内容会刺激男性消费欲望。在数字消费体验各个维度上，不同职业消费者对于购买呈现出差异性，但均值得分相差不大。不同月收入和常住地是否在北京对消费者数字消费体验影响较大，在各个维度均呈现出差异性，高收入消费者对北京地理标志性农产品感知度、兴趣度更高，购买次数和频率更高，从而形成更多分享，相对于一般农产品，地理标志性农产品因品质更高，品牌价值附加，蕴含更多文化内涵等因素，市场价格更高，更受高收入消费者青睐。样本中常住地为北京和不在北京的消费者对于数字消费体验5个维度均存在差异性，且常住地在北京的平均值高于常住地不是北京的，说明北京地理标志性农产品在京内消费者感知度更高，在京外影响力、竞争力较弱。

2.多元回归分析结果

根据前文的研究分析，对本研究提出的研究假设进行汇总说明。

表5-19　假设检验结果

名称	假设内容	检验结果
A1	品牌知名度	支持
A2	渠道易感度	不支持
A3	产品了解度	不支持
A4	产品价格优惠	不支持

名称	假设内容	检验结果
A5	产品质量可靠	不支持
B1	代言人效应	不支持
B2	互动活跃度	不支持
B3	宣传内容有用性	不支持
B4	宣传内容吸引力	支持
C1	大数据推荐精准度	支持
C2	响应即时度	不支持
C3	产品信任度	支持
D1	消费便利性	不支持
D2	消费券激励性	支持
D3	交易风险性	不支持
D4	关系黏附性	不支持
E1	关系利好性	支持
E2	通道易用性	不支持
E3	体验满意度	不支持

　　将A1～E3共19项作为自变量，数字消费意愿作为因变量进行线性回归分析，经SPSS分析得知，该回归模型通过F检验，VIF值全部小于5，不存在共线性问题，并且D-W值在数字2附近，说明模型不存在自相关性，模型较好。回归分析结果显示，北京地理标志性农产品品牌知名度、宣传内容吸引力、大数据推荐精准度、产品信任度、消费券激励性、关系利好性6项自变量p值小于0.05，说明该6项自变量对北京地理标志性农产品消费者数字消费意愿呈显著正向影响，支持原假设。回归模型拟合情况大致符合预期，但一些自变量的显著性没有通过检验，可能是因为其他一些因素没有考虑到，需要再调整。

　　北京市人口基数大、人均受教育程度高、人均可支配收入稳定增长，高学历、高收入的消费者更看重农产品的品质和附加价值，品牌知名度高的地理标志农产品会更受青睐。在消费前端，由于互联网时代的更迭，数字技术创新发展，社会经济水平不断提高，消费者的观念发生改变，对消费的需求更具多元化、个性化，产品宣传内容的创新性、有趣性，以及是否与消费者的兴趣点相匹配将极大影响消费者的消费选择，特别是数字技术不断赋能互联网，为地理标志农产品数字化消费者提供了更广阔的选择空间，在这个过程中，商家通过大数据精准有效推荐产品，能够及时留住消费者。在建立感知，激发消费者兴趣从而形成有效互动后，商家需要和消费者进一步建立连接，保持有效沟通，增加消费者对农产品的认知，同时，降低消费者在数字化消费环境中对交易风险的担忧，提高消费者信任度，促进数字消费交易成功。在消费中端，数字消费券作为短期刺激消费的工具，是提升数字消费的辅助策略，数字消费券的发放会提高消费者的数字消费意愿，完善消费券在北京地理标志性农产品领域的发放政策有助于提高消费券的核销率，切实增强刺激消费成效，促进北京地理标志农产品产业数字化发展。在消费末端，互联网信息的碎片化和开放性让体验和分享能够在消费者中动态流转，从而使一次数字消费的末端分享阶段能够成为下一次购物的开端，激发潜在数字消费。在此阶段，北京地理标志性农产品商家通过给予积分、返利等激励措施带来的关系利好会促进消费者主动进行分享，会对提高消费者数字消费意愿效果显著。

第六章 北京品牌农业发展典型
案例分析

一、以匠人之心开启西瓜产业振兴之旅

北京老宋瓜果专业合作社创立于2007年，现有西瓜产业园120亩，合作社员300户，入社土地2 200亩，外埠基地2 000亩。合作社以产业园为依托，采用产业化经营模式，形成了以科研开发、试验示范、国际农旅交流、生产销售、观光采摘、文化主题活动为主的经营板块组合，以高质量产品为依托，全年进行"主题采摘"和"科普活动"，形成了"老宋瓜王"这一企业品牌和产品品牌。

2000年，宋绍堂注册"宋宝森"商标，开始走上打造精品农业品牌的道路，并开设精品西瓜专卖店。2003年，宋绍堂贷款300万元成立了老宋瓜王科技发展有限公司，承包50亩土地建设西瓜精品观光园。2007年，公司与庞各庄及附近地区的农民成立老宋瓜果合作社，始终坚持走"公司＋合作社＋农户"的产业经营模式，以"龙头带动、产业互促、增加农民收入"为发展宗旨，为当地瓜农提供产销"一条龙"的服务。合作社积极发挥在新品种推广、管理技术等方面的优势，为当地瓜农提供种苗、技术、市场信息等三方面的服务，积极带动周边农户致富。

2012年后，国内电商不断发展以及形式的不断变化，老宋瓜王的销售模式也从礼品瓜线下销售转变为电商销售。2014年成立电商服务部，并建立企业微商城，开始在摸索中持续前进；2015年引入智能农场管理系统；2016年西瓜产业研究院落成，西瓜深加工产品诞生；2018年老宋瓜园开始尝试"西瓜＋"的跨界融合，新品"精彩1号"成功与"盒马鲜生"独家签约；2019年与供销e家达成战略合作，数字赋能西瓜产业扶贫，老宋瓜园大型基地全面升级，进入了智慧农业发展模式，开始引领西瓜产业模式创新。随着产品占领北京市场、辐射京津冀市场，经济效益近年来呈显著增长趋势，2021年销售额超过1 600万元，占"北京高端西瓜市场"总销售份额的45%。

（一）老宋瓜王的发展路径研究

1. 老宋瓜王1.0：注册品牌商标

现任北京老宋瓜王科技发展有限责任公司董事长宋绍堂早在2000年9月就注册了"宋宝森"牌西甜瓜的品牌，开始走上打造精品农业品牌的道路。随着老宋瓜王公司的发展，"宋宝森"产品取得有机产品认证，并蝉联13届"中国西甜瓜擂台赛"瓜王冠军，进而陆续获得在荷兰举行的"世界水果种植者大赛"银奖、"北京市著名商标"、"北京优农品牌"、"2008年北京奥运会西瓜指定供应商"、"国际农旅交流基地"等荣誉，"老宋瓜王"的名号得到越来越多的认可。老宋瓜王公司在2008年注册了"老宋"商标，2015年注册了"老宋瓜王"商标，2016年注册了"小呆瓜"和"小宋宝宝"商标，推出针对母婴市场的迷你西瓜，这也是老宋瓜王进军高端生鲜儿童细分市场的初次探索。目前，老宋瓜王公司已经拥有"宋宝森""老宋""老宋瓜王""小呆瓜""小宋宝宝"5件注册商标，并根据品牌定位分别推出了针对细分领域市场的产品。

2. 老宋瓜王2.0：生产标准化

老宋瓜王深知质量是企业发展、品牌打造的重中之重，包括产品质量、环境质量和服务质量。在产品质量把控方面，老宋瓜王强化种植管理，严格品控，在选种、播种、采收等每道工序精益求精，做到每个西瓜都有档案，一瓜一码精细化管理。老宋瓜王采用智慧种植基地模式、生态种植标准，精确定位市场消费人群，如在西瓜育苗中，引进催芽室、自动嫁接机、自动喷水车等一系列工厂化集约化育苗设备，降低了以往温室育苗的高成本，提高了育苗的成活率和抗病性，有利于瓜果绿色生态，实现了标准化育苗生产。

目前，老宋瓜王被认定为全国科普惠农示范基地、中国农大现场教学基地，并纳入全国西甜瓜创新体系及北京市西甜瓜创新团队集成试验项目，每年推出200余种西瓜新品种，并从中筛选出最具特色的品种进行推广。

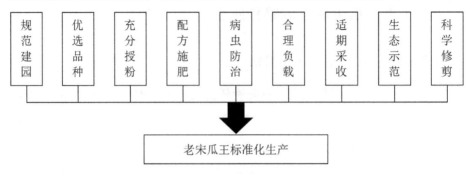

图6-1　老宋瓜王标准化生产图

3.老宋瓜王3.0：延伸产业链

2002年，老宋瓜王精选L600、京颖、超越梦想等精品小型西瓜品种作为主打产品，开设精品西瓜专卖店，以礼品包装形式主攻礼品市场，探索产销结合模式发展，取得了显著成效。西瓜的冷藏、储存和运输一直是西瓜产业的难题，老宋瓜王在这方面亲力亲为，努力做到送往消费者手中的西瓜品质优异、口感一流，线上销售的运输主要为京东全程冷链物流、快递极速达，提供京津包邮服务，保证到顾客手里的西瓜是新鲜美味的。经过多年的发展，老宋瓜王西瓜产业链逐渐健全，种植、采购、分包、冷藏、储存、运输、销售每一环节都能做到精细化、标准化管理。

4.老宋瓜王4.0：发展数智化与产业融合

（1）网络营销

为扩大知名度，老宋瓜王不遗余力地开展多层次的市场营销活动，先后拍摄了10部累计40分钟的电视宣传片，建立网站，并通过发放广告宣传册，制作广告宣传牌，改建、装修农产品展示大厅等多维网络渠道进行品牌宣传。从2014年网络销售兴起开始，老宋瓜王相继进驻天猫、京东等电商平台，进行产品销售、品牌推广。2018年，老宋瓜王借助直播平台开展"从田间到餐桌"基地直供，以直播形式把西瓜销往全国各地。2020年5月，老宋的直播带货创造了3分钟"秒杀"2 000箱的销售成绩。随着产品占领北京市场、辐射京津冀市场，经济效益近年来呈增长趋势，到2021年销售额超过1 600万元，占"北京高端西瓜市场"总销售份额的45%，老宋瓜王的知名度和品牌忠诚度不断提高。

（2）社群营销

随着人们社交方式的改变，大城市的社群文化日益增强，形成了以不同形式链接起来的社会群体，而生鲜这一类刚需产品的流通环节也在减少，老宋瓜王逐步成为高端社群购买的商品。除淘宝、京东等电商平台外，老宋瓜王也构建了社群营销体系，与"清华大学接龙群"等十几个高端社群合作，精准对接市场，培养客户的忠诚度。近年来，老宋瓜王建立了良好的客户关系网络，具体来说，线下门店是基础，寻找社群团长代理，进行社群营销。除此之外，还与短距离的商场超市、单位食堂和高档酒店进行合作，不断扩大社群的规模和服务范围。

（3）三产融合

2005年，老宋瓜王打破传统耕作观念，引入果蔬树体栽培技术，开辟都市观光农业。2008年，建立了国内首家西瓜主题公园，打造观赏作物艺术长廊介绍西瓜的历史和文化渊源，举办了"西瓜文化节""瓜王争霸""百人西瓜宴"等与西瓜相关的活动。自此，老宋瓜王打开了一个崭新的局面，跳出了西瓜种植的传统市场，开展农旅结合、休闲采摘，发展观光休闲农业。与其他水果不同，常见的果脯、罐头等深加工产品在西瓜产业上都难以实现，为此，老宋瓜王于2016年成立了"老宋瓜王西瓜研究院"，和国内外的行业专家合作，研制出了精酿西瓜啤酒，并在北京三里屯酒吧销售，大获成功。一方面，老宋瓜王跳出西瓜种植的传统市场，打造农旅结合的休闲农业；另一方面，不断研究开拓西瓜的深加工产品，形成了以产业化经营为发展模式，集科研开发、科研试验示范、生产销售、旅游观光、休闲采摘于一体的产业化经营新局面。

（二）老宋瓜王当前存在的问题

1.劳动力老龄化严重

西瓜从业人口老龄化严重、劳动力成本高，种植西瓜比较经济效益下降。随着经济发展加速，大兴区农村劳动力外出就业人数呈不断增长趋势，大量青壮年劳动力源源不断地从农村流入城市，老年人成为主要劳动力，使农村整体发展活力严重不足。瓜农平均年龄55周岁以上，人口数量和结构的改变，势必造成劳动力短缺。预计未来雇工价格将逐年升高，雇工年龄青黄不接，给西瓜产业发展带来不利的影响。

2.农民缺乏科技意识

老宋瓜王是一家专注于发展西瓜产业的科技发展有限公司，在西瓜种植和西瓜品种改良等方面都需要不断地进行技术发展，并将技术成果应用于种植中，提升西瓜品质。无论是温控、水肥一体化，还是自动化，都需要种植人员懂先进技术以及现代化、智能化设备的专业操控，而农民对技术接受程度低，对设备的信任程度较低，试图长期依赖于传统种植和养护技术，这对于大规模西瓜种植产业的北京老宋瓜王科技发展有限公司来说，不利于其未来生产效率的提升和产业规模的扩大。

3.线上销售存在问题

目前，老宋瓜王的产品配送以与第三方物流合作为主，西瓜销售期主要集中在夏季，集中上市时物流的运送量巨大，导致送达顾客手中的西瓜新鲜度会大打折扣。同时，夏季与其他季节销售量差值巨大，很难与物流商形成长期稳定的合约，也难以降低物流成本。加之西瓜体积大、易碎、保鲜期不长，使其在运输途中损耗率高，对物流的包装、温度、稳定性要求较高，这样的情况不仅导致运输成本高，而且消费者收到裂瓜后，线上购买的积极性也会降低。再加上老宋瓜王线上品牌与产品的推广行动滞后，宣传手段匮乏，内容更新慢，广告投放渠道窄，未能有效借助新兴媒体、互联网、报刊等途径宣传自身品牌与产品，导致线上渠道的发展有些落后。

4.品牌监管不到位

老宋瓜王的目标客户群体主要对准中高端消费人群，货源来自自己的西瓜生产基地，品质优良。但在电商平台中以关键词"庞各庄西瓜""大兴西瓜"进行搜索后，不仅会出现老宋的西瓜，还会出现庞各庄"老王""老靳"等其他品牌，对比各家在电商平台的宣传页面发现，各家的西瓜都以庞各庄地域优势、种植技术、世代传承为卖点，老宋瓜王的宣传并不能突出其产品品质高于同行的优势，消费者也很难在五花八门的模仿品宣传中精准抓住老宋瓜王的正品保证和独特卖点。

（三）解决方案

1.加强人员培训，引进青年人才，培育新型职业农民

围绕大兴西瓜产业的发展，首要是保证高质量的从业劳动力数量稳定。对农户来说，需要加大农民培训力度，着重培养农机应用与普及，利用数字化、智能化的能力。培养懂种植、懂技术、爱农业的新型职业农民。通过政府资金支持，发挥多种培训平台作用，按照不同产业类别，不断组织农村新型经营主体培训，完善培训内容，丰富培训形式，增强培训效果，提高农户、合作社、企业等主体参与培训的积极性，培养有文化、懂技术、会经营的农村实用型人才。以龙头企业（如老宋瓜王）为基础，相关技术方充分传达技术的运用与效率，让农户有意愿去选择应用。

大兴西瓜的主要种植群体老龄化严重，必须引入、留住青年人才，为北京市西瓜产业发展注入新鲜血液，培育储备力量。利用人才引进等政策鼓励大学生回乡助农，打通高素质人才引进的渠道，引进具有一定数量高学历的

人才，造就高素质的现代新型农民队伍。加强瓜农之间的合作和交流，鼓励年轻人回到农村从事瓜果种植。

2.增强品牌意识，加大品牌监管力度

目前市面上的西瓜品种繁多而杂乱，甚至有冒牌的现象。老宋瓜王要加大宣传普及力度，发放市场准入证，加大品牌监管力度。严格管控大兴西瓜地理标志农产品的品质，保障老宋瓜王品牌的权威性。政府应当建立并完善由政府、合作社和企业三方共同参与的地理标志监管体系，制定严格的西瓜质量监督管理制度，加大对经营者的管理；同时，也要加大市场监管和执法力度，遏制压低或哄抬大兴西瓜价格的行为，维护经营者的合法权益，严厉打击假冒与侵权行为，保障老宋瓜王地理标志农产品的品牌权威性。

3.建设物流体系，规范西瓜电商行业发展

以保鲜物流设施为支撑，建立产业保障体系。西瓜产业发展应注重预冷等商品化处理能力，稳定口感与品质，同时利用最新科技，研发推广新能源冷藏车，实现绿色冷链物流，从而进行反季西瓜销售加工。第一，政府和相关部门对专业合作社和果农改善储藏、保鲜、清选分级、包装等的发展提供政策、技术以及农机设备的支持。第二，重视冷链物流设施的购置。建议政府对于企业、合作社、大户等购置冷链运输车辆给予补贴，加快运输车辆的更新换代，提高保障冷链物流运输能力，进而扩大西瓜产业市场半径，延长上市销售时间。

老宋瓜王要准确定位市场，精确投放广告，尽量让对应的消费群体了解品牌，运用各种市场营销方式提高企业知名度。第三方平台存在一定的风险性，所以要利用好自媒体平台、互联网技术等进行更大范围的营销推广，不断塑造独特的品牌形象。推进农产品品牌的推广与销售，要将产品与终端客户进行链接，依托传统的营销方式，针对不同的受众群体，准确地挑选区域，设立专门的专柜专销、直供直销，精准供应，从而在传统营销体系基础

上建立稳定的销售渠道。

4.完善管理体系，提升大兴西瓜经营组织化程度

提升大兴西瓜经营组织化程度，需要壮大合作社与龙头企业。第一，增强合作社服务功能。合作社应统一生产规程与生产资料供给，从生产源头保障西瓜的高质量生产。根据市场需求及合作社实际生产能力，筛选引进优良品种。在生产过程中为农户提供统一技术服务、产业相关政策和信息，并且合理制定产品价格，丰富销售渠道，完善利益连接机制，调动农民生产积极性。第二，提高企业的带动意识和能力。强化契约意识与合作精神，探索多种形式的企业联农带农方式，促进小农户与大市场衔接，促进村集体经济从西瓜产业发展中受益。第三，要加强主体联合。因地制宜建设西瓜产业化联合体，发挥企业、合作社、农户各自优势，加强技术、信息、市场等流通，形成相互渗透的紧密型利益联结机制，推动庞各庄西瓜全产业高质量发展。

5.加强产业融合，丰富休闲旅游活动，经营收益反哺农户

为了推动西瓜产业的转型升级，由传统农业向旅游农业转变，要进一步加强西瓜产业参与农旅融合发展。通过地理标志建设、品牌宣传、文化节举办等多种方式，有效吸引城市居民到当地旅游，扩大农旅融合。同时这也是通过增收反哺农户，形成西瓜产业经营路径闭环的有效方式。庞各庄要继续办好西瓜采摘游活动，不断丰富采摘形式，融入农业园区观光、西瓜文化游览等内容，增加采摘园区的亮点。另外，政府联合各类经营主体打造西瓜文化节。继续办好西瓜节和"瓜王争霸""百人西瓜宴""西瓜雕刻"等趣味活动。探索开展瓜田认种、企业团购、社区互动等多种形式，推动西瓜主体休闲农业持续发展。同时，要积极纳入北京市"十百千万"休闲农业旅游线路，打造精品园区和重要节点，促进产品销售和乡村旅游发展，加快农民特色产业增收。

（四）老宋瓜王发展西瓜产业的经验借鉴

1.严格把控产品品质

质量是企业发展的根基，从种植到采收的所有工序中，老宋瓜王一直追求精益求精，每个西瓜都有档案，施行"一瓜一码"，在生产环节做好物理防控，进行精细化管理。在人员管理方面，老宋瓜王将人性化与专权化相结合，明确每个人的职责，奖罚分明，建立了产供销健全的管理流程。老宋瓜园在西瓜品种和种植技术上坚持创新，不断筛选科研院校培育的名优品种，尝试多种栽培模式和高密度种植，截至目前亩产量已经突破 9 000 斤，每亩收益提高近万元。同时，园区采用熊蜂授粉、物理粘虫板、生物有机肥等多种环保管理措施，最大限度地保证了西瓜的品质，可以说老宋瓜园已经走在了西瓜行业的前端。

2.不断开拓销售市场

开拓市场是合作社发展的根本，近年来，老宋瓜王不遗余力地开展多层次的市场营销活动。

老宋瓜园以 L600、超越梦想、3K、京彩 1 号等精品小型西瓜品种作为主打产品，开设精品西瓜专卖店，以礼品包装形式主攻礼品市场，同时也承担着"冰糖碧玉"等新品种的示范和推广工作，园区在"宋宝森"牌西甜瓜被评为北京市著名商标的基础上，继续推出"老宋""老宋瓜王""小呆瓜""小宋宝宝"等品牌，以满足不同层次消费者的需求，进军高端生鲜细分市场；园区打破传统耕作观念，创新研制出精酿西瓜啤酒，成功进入三里屯高端酒吧市场。

3.积极推动产业融合

老宋瓜王不仅发展了西瓜产业，还在文化塑造上下了功夫，以艺术长廊为中轴，打造农业观光园，将瓜园分为观光区和采摘区。打造观赏作物艺术长廊，生动介绍了农作物历史、西瓜渊源与瓜文化。在陈列馆中，也以图文、视频等形式展示了品牌的建立与发展历程、成就及规划，向游客传播文化的同时也传递着企业的定位与愿景。观光园利用温室设施、无土栽培等技术，以众多品种和栽培样式为特色，打造作物树、盆景、图案瓜、雕字瓜等多种形态造型，并配合图片文字说明，充实其文化内涵，给游人以耳目一新的感觉，每年吸引十几万游客前来观光采摘。

不仅如此，该合作社还抓住各种合作机会，开展"西瓜+"的跨界整合文化主题活动。自2017年以来，每年举办各种文化主题活动，跨界体育、娱乐、文化，开展"让西瓜畅享夏天""瓜田小夜曲""开园节""西瓜酷跑节"等活动。其中"西瓜酷跑节"活动同时被33家直播平台直播，550万人在线开展场内场外互动，中央电视台拍摄了整个活动过程并制作了《老宋卖瓜有高招》纪录片在央视农业频道播出，一度成为热点，提升了品牌影响力。同时引入果蔬树体栽培技术，发展都市观光农业，建立了国内首家西瓜主题公园，老宋瓜王还将以"小呆瓜"系列产品为核心，打造"小呆瓜历险王国"，以"亲子+农业"为入口，打造以孩子带动家庭、以观光带动销售的农旅结合创新发展模式。

4.科研助力农民增收

随着消费者对生活品质要求的提高、品牌意识的增强，合作社作为中国西甜瓜创新体系——北京西瓜创新团队的集成实验示范基地，利用科研优势，推出优质高价小型西瓜，打造差异化"爆品"，加强品牌营销、市场开拓，提高产品附加值，产品进驻北京商超、电商平台等，西甜瓜销往全国，销量递增。在北京、天津进行市场深度推广，多维度、多角度的品牌营销逐步延伸至上海、广州、深圳等一线城市；根据市场反馈指导生产，及时调整产品结构、筛选优良品种，借助"宋宝森"品牌优势和市场优势，以高出当地市场均价的价格收购农户种植的高品质西瓜，带动合作社社员472户、非社员300户，土地受益面积达2 500多亩，瓜农年增收平均1.5万元/户。

5.不断拓宽营销渠道

老宋瓜王合作社还斥资200万元引进O2O电子商务模式，利用成熟有影响力的网络平台（如京东、拼多多、大众点评等）和企业自有网络平台进行品牌营销和交易。将园区的新老客户发展成为会员，引流到自己的网络平台进行交易、服务，并围绕客户的需求开发不同的产品及服务。新的O2O模式将实现线上线下支付打通、流量打通（营销策略、价格）、商品打通（库存、物流）、会员打通（会员体系、大数据库），填补传统电子商务的空白。

老宋瓜果专业合作社坚持以"创新营销"和"文化塑造"提升品牌；以品牌带动销售，提高产品附加值、扩大销量；以销量制定生产，实施"农业供给侧改革"，降低供需不对称导致盲目生产的风险，确保产业良性持续发展。

6.精准对接目标群体

老宋瓜王以其优良的品质与极佳的品牌影响力，将其社群营销的目标定位为中高端人群。其经济效益近年来呈增长趋势，截至2021年销售额超过1 600万元，占"北京高端西瓜市场"总销售份额的45%。老宋瓜王在社群营销中非常明确自身定位，通过其产品的高品质等特征，在引流的过程中锁定目标群体为中高端人群，从而实现了产品营销的垂直化发展。在通过微信群、公众号、自媒体等多种方式进行推广的同时，还可以进一步深入社群之中，通过老宋瓜王这种线上线下联合营销的模式进一步提升自身社群营销的影响力。此外，还必须对自身的品牌文化进行不断丰富，才能汇集大量的目标群体，从而实现对目标群体的进一步细分。

（五）结论与展望

探究一条适合北京市西瓜产业发展的切实可行的路径，对促进农业不断增效、农民持续增收和农村和谐稳定具有重要的作用。

北京市大兴区西瓜产业具有悠久的历史和良好的基础条件，在地理标志认证、品牌建设、经营管理、政策建设等方面取得了显著成效，单产水平持续提高，产业化水平不断提升，品牌建设不断完善，农民收入持续增加，为北京市西瓜产业进一步发展奠定了较为坚实的基础。

当前北京市西瓜产业发展过程中还存在一些阻碍因素，如采后处理较为滞后、组织化程度不够以及高端市场占有率低等，需要在发展过程中进一步探索解决。

为推进北京市西瓜产业进一步发展，要严格把控产品品质，不断开拓销售市场，积极推动产业融合，科技助力农民增收，不断拓宽营销渠道，以促进西瓜产业高质量发展，实现产业发展的转型升级。

二、传承与发展 ——"老栗树"品牌融合之旅

（一）品牌发展背景

1. 栗悠久，传天下

在北京，秋冬时节吃栗子是一种享受，手里捧着一袋刚出炉的糖炒栗子，在寒风瑟瑟的秋日让人倍感温暖幸福，可以说栗子就是北京的秋味儿。怀柔被称为"中国板栗之乡"，这里的板栗栽培技术于2007年被列为第二批北京市级非物质文化遗产。怀柔板栗栽培历史悠久，最早可追溯到春秋战国时期。早在明代时，皇帝在祭祀时就将怀柔板栗作为供品。清代慈禧太后为了延年益寿，经常食用怀柔栗子面窝头，后传至民间，成为著名的北京小吃之一。板栗拥有很高的药用价值，《本草纲目》记载："栗，厚肠胃，补肾气，令人耐饥。"目前，怀柔区拥有树龄在500年以上的"大明栗"近千株，仅九渡河镇西水峪村明代板栗园就有80余株，是目前华北地区最大的古栗树森林，可谓京郊独一无二的人文奇观。怀柔区地处燕山山脉南麓，其海拔高度、降水量、温度、土质等条件十分适合板栗生长，种植区位于海拔600

米以下，全年日照时数为2 700～2 800小时，平均温度为9～12℃，属温带大陆性气候。站在山头放眼望去，漫山遍野，栗树成林，大大小小的板栗树将山山岭岭装点得郁郁葱葱，这片土地培育出来的板栗饱满、匀称、甘甜。

怀柔板栗主产区域土质为花岗岩、片麻岩等分化形成的微酸性土壤，土壤pH值为6.0～6.8，正适合板栗的生长需要，而且这种土壤含有大量的硅酸，栗果吸收硅酸后，内皮蜡质含量增加，炒熟后内果皮易剥落，怀柔板栗的这一特点是国内其他地区板栗种群所不能相比的。独特的自然条件，造就了怀柔板栗果形玲珑、色泽美观、肉质细腻、果味甘甜、易剥内皮、糯性强等特点，因此拥有了"东方珍珠"和"紫玉"等诸多美誉。

目前，怀柔全区板栗种植面积已达28万亩，产量和出口量均占全市的60%以上，怀柔板栗销往全国20多个省区市并出口到日本以及东南亚、欧美的部分国家和地区。保护并发展怀柔板栗栽培系统对于推进生态文明建设、践行"绿水青山就是金山银山"理论，拓展农业功能、推动乡村振兴，传承优秀传统文化，增强国家文化软实力具有重要意义。

怀柔板栗产业作为地方特色产业的重要代表，2023年5月，经过农业农村部组织遴选，北京怀柔板栗栽培系统成功入选第七批中国重要农业文化遗产名单。近年来，怀柔板栗产业不断发展进步，产量和种植面积虽有一定波动，但板栗品质逐步提升，市场影响力不断扩大，品牌价值越发凸显。

2.满山栗，何处来

北京老栗树聚源德种植专业合作社成立于2008年11月11日，为"老栗树"商标的持有者，坐落于慕田峪长城脚下的怀柔区渤海镇渤海所村。"果有三美者，有冀山之栗"，板栗在怀柔种植已有近千年的历史，是怀柔地区农业的主导产业，产业覆盖率达到85%。"怀柔板栗"是国家地理标志认证产品品牌，怀柔板栗的主产地渤海镇则因板栗产业被评选为国家第八批"一村一品"示范乡镇。

经过十余年的发展，合作社已从初级农产品加工原料供应的农民专业合作社发展成为以板栗的标准化种植管理、农产品精深加工、互联网营销、休闲观光和文化创意产业相融合，具备全产业链能力的国家级示范合作社，带动区域农民增收，促进当地农业产业发展。

（二）品牌发展路径

1. 合作社的初创与战略定位

2009年，李永军基于对区域特色农产品的市场潜力进行分析，通过注册成立北京聚源德种植专业合作社，完成了从个体经营向组织化生产的转型。该合作社以板栗产业链整合为核心，构建了统一收购、标准化加工和市场化运营的垂直管理体系，初步实现了农业生产要素的集约化配置。

2. 品牌化路径与市场化突破

2010年，面对初级农产品同质化竞争困境，李永军启动品牌战略：以600年古栗树为视觉标识，通过包装设计强化品牌历史性与地域独特性；同时采用免费品尝、团购活动等推广手段，提升消费者认知度；2012年又与京东商城合作，推出"刺果原生栗仁礼盒"定制产品，成为农产品电商化早期实践案例。

此阶段体现了从产品输出向品牌价值输出的战略转型，并探索了质量保障与差异化竞争的平衡路径。

3. 联合社模式与区域产业协同

2013年，李永军依托怀柔工商分局农民专业合作社联合社的政策支持，提出构建跨行业网络服务平台，并联合区域内餐饮、住宿、旅游等行业的专业合作社，形成"农文旅"一体化服务供给。

4. 整合营销传播

2017年，李永军的儿子李思鹏教育专业毕业后选择回到家乡怀柔渤海

北京品牌农业发展研究

镇，加入父亲创办的合作社，创建了北京老栗树农业科技发展有限公司并通过运用科技、新媒体等手段带动栗农增收，打造了"老栗树"品牌及众多周边产品，带动家乡产业壮大，获得"全国乡村振兴青年先锋"的称号。李思鹏充分发挥年轻的优势，广泛应用电子商务、互联网等现代信息技术和渠道，主动对接各类优势资源，加强"老栗树"品牌的打造。在李思鹏的推动下，"老栗树"携手电视红包"摇一摇"、中国农垦、蓝月亮等多个平台，落地全国145家电视台、13万块高铁屏幕。在京东、淘宝、苏宁等多个电商平台设立销售网店，产品还走进了上海高端超市city's uper、国安社区、苏宁小店等知名线下渠道，使怀柔板栗和"老栗树"品牌得以迅速传播。老栗树合作社的产品还被著名演员黄磊创建的生活方式品牌——黄小厨甄选为优质食材，开展双品牌合作，增加了消费者信任度和品牌效益。为进一步提升消费者的认知，李思鹏推动老栗树合作社利用新媒体，通过多个线上直播平台进行内容营销及社群推广，让消费者了解怀柔板栗的种植、生长情况，深加工流水线的生产过程，大大增加了消费者对"老栗树"品牌的认可度和高黏性消费，并把栗子跟抹茶、黑巧进行了结合，通过场景化运营，让板栗产品做进一步的延伸。除了自家的3万亩栗园，老栗树合作社还签约了830家栗农。为带动当地板栗行业健康发展，实现品牌升级，带动集体创收，合作社还与栗农签订了《板栗保护价购销合同》，不仅解决了栗农们的销路问题，还极大地提高了栗农的收入，近三年带动农户额外溢价增收1000余万元。

（三）品牌理念及宗旨：

1.品牌名称及Logo

在老栗树的栗子园中，有着一颗近千年的栗子古树，被称为"栗祖"。这棵栗子树被视为企业的吉祥物，是品牌历史的见证，象征着企业能够像这棵古树一样，能够耐得住时间长河的磨炼，依旧生机勃勃，成长延绵。在品牌Logo中，以"栗祖"的剪影作为象征，加之书法家设计的艺术字体以及

124

品牌年份，充分表明了品牌的文化历史意义，以及卓越的栗树资源。

2.品牌宗旨

提高栗子品质，传承栗树文化。企业以保证每颗栗子的品质为前提，向消费者销售，让消费者买得放心、吃得放心。与此同时，明代栗园的文化也要向广大群众传播，这是企业产品质量的保证，也是企业历史文化的见证。

（四）品牌主要产品

现如今老栗树的产品有新鲜栗子、栗子酥、即食栗子、原生栗以及礼盒装栗子等。同时，为满足消费者的多样化需求，还推出栗子酱、栗子巧克力、栗子饮品、栗子蛋糕、栗子奶、栗子糊等产品，满足消费者的不同口味和需求，提高消费者满意度。

怀柔板栗又称"北京油栗"，其含糖量高、蛋白质丰富、香甜可口，素有"干果之王"之美称，广为传颂。其独特品质最早见于陆玑的《毛诗草木鸟兽虫鱼疏》："五方皆有栗。……唯渔阳、范阳栗甜美味长，他方者悉不及也。"老栗树已与著名食品企业怡达公司建立合作关系，"老栗树"牌栗子已进入该公司连锁店销售。此外，合作社还与沃尔玛建立长期合作关系，销售鲜栗仁。目前，深加工精品包装的"老栗树"怀柔油栗系列产品已覆盖国内十几个省区市，热销于机场、高铁站、宾馆饭店、旅游景点以及各大土特产专卖店、商店、超市。

老栗树合作社联合北京农林院校，开发板栗食物新产品，通过板栗新产品形态，拓宽电子商务渠道，带动年轻群体的消费需求。同时，积极拓宽市场，加强品牌合作，目前已和北京稻香村、味多美、21cake等知名企业建立稳定供应关系。不仅如此，该合作社还结合怀柔当地旅游资源，开发具有区域特色的北京礼物，出品了怀柔板栗系列产品，与北京得天独厚的历史文化旅游资源融合，共同促进了产业的发展。老栗树积极延伸产业链，其产品包括即食板栗、速冻板栗、五谷栗子酥和鲜板栗。

（五）"老栗树"品牌发展的经验借鉴

1.三产融合助力乡村振兴

"老栗树"品牌不仅结合了怀柔当地的旅游、会议、民宿等资源，还通过北京礼物等区域特色，推出了代表北京农产品特色的怀柔板栗系列产品。这些产品不仅与怀柔的文化旅游深度融合，也充分利用了北京得天独厚的历史文化旅游资源，共同推动产业发展。

加大品牌整合力度，形成板栗特色产业的集群效应，通过第一产业带动第二产业，再吸引第三产业，促进板栗一二三产业的深度融合，基于老栗树深厚的文化底蕴和板栗产品的高品质，打造特色板栗品牌，讲好品牌故事。

从第一产业的角度来看，"老栗树"品牌高度重视产品的核心价值，合作社围绕标准化种植展开系统化工作，首先从育种阶段入手，科学筛选出优质且易于管理的品种，确保种植基础的高品质。其次，通过改良传统种植方式和推广生物防治技术，减少对化学农药的依赖，提高板栗的生长环境质量和品质。最后，合作社还建立了板栗产业数据库，通过数据化管理进一步优化生产流程和提升产品质量。这一系列举措，不仅显著提升了当地板栗从业者的生产效率并提高了产品质量，也成功打造了符合有机标准的农业品牌，为"老栗树"品牌在市场上的竞争力奠定了坚实的基础。

从第二产业的角度来看，"老栗树"品牌在农产品加工业方面不断优化结构布局，培育和壮大经营主体，显著提升产品质量和品牌竞争力。板栗加工产品已经从单一的糖炒板栗扩展到多样化的产品，如小包装栗仁、开口笑栗子、栗子罐头、栗子酱、栗子羹和栗子饮料等多种产品。未来，"老栗树"品牌将继续与其他品牌合作，推出创新产品，并致力于研发更多健康美味的板栗类食品，进一步丰富产品线，满足消费者多样化需求，增强品牌的市场竞争力。

从第三产业的角度来看，"老栗树"品牌注重文化创新和产业融合，致力于打造特色旅游打卡地和发展乡村休闲产业。品牌依托怀柔区丰富的旅游资源和古栗树文化，在长城脚下建立了规模宏大的明清栗园，其中包括33棵500年以上的古树，最古老的一棵已有900余年历史，这些古树不仅是自然的瑰宝，更是文化的载体，承载着厚重的历史记忆。通过与聚源德合作，成立北京老栗树聚源德种植专业合作社，结合栗园的历史文化，开设课外教育大课堂，弘扬板栗文化。在文化旅游方面，"老栗树"品牌利用古栗树文化、栗树林及其周边的自然生态环境，创造了包括野宴、户外沙龙、观景和网红打卡地等多种形态的户外休闲场所。这些场所不仅提供了优质的休闲娱乐体验，更是文化交流和社区互动的平台。同时还建设了"板栗"主题博物馆和观光工厂，深入挖掘板栗的历史文化，利用现代科技手段进行交互展示，游客可以在这里参加以板栗为主题的文化娱乐活动，了解怀柔板栗的悠久历史及"老栗树"品牌文化。通过与当地民宿跨界联合和品牌联名，推动以怀柔板栗为核心的产业文化融合，促进渤海镇成为国家级的"一村一品"示范乡镇。在产旅融合发展中，注重基础设施建设和科学合理的旅游区规划，通过构建资源共享、融合健康发展的制度，整合地方相关资源，与各级政府职能部门联合，促进休闲农业旅游行业的健康发展。通过对休闲农业旅游项目的研发，建立集旅游观光农耕、娱乐、疗养和生态教育于一体的农村生态观光旅游产业链，建设综合性休闲农业园区、农业主题公园和观光采摘园，打响"老栗树"品牌，防止农村旅游商品同质化竞争现象，形成特色休闲农业旅游产品，推动乡村休闲旅游高质量发展，让消费者玩得开心、吃得放心、买得舒心。

2.开展文化营销

"老栗树"在推广板栗文化的同时，紧跟互联网热潮，依托现代信息技术和渠道，加强"老栗树"品牌的打造，积极开发销售平台和争取优势的合作伙伴，获得了北京农业好品牌、全国优秀农产品目录名特优新"怀柔板栗"、果品气候认证等多项荣誉。目前，乘着网络营销模式的东风，该合作社利用互联网准、快、广的宣传方式打造老栗树合作社创始人"栗子队长"

的宣传形象进行周边设计及社群打造，在传统电商和社群等流量平台都收到了良好的宣传效果，并建设了老栗树明清栗园，将明清栗园游与观光工厂相结合，通过文化和产业的链接，让人们直观了解怀柔板栗的"昨天"和"今天"。同时也利用视频宣传方式，在各大短视频平台通过视频与直播等方式指导消费者制作板栗相关美食、宣传乡村文化，得到了线上市场对于"老栗树"板栗相关产品的认可，使怀柔板栗和"老栗树"品牌得以迅速传播。

2023年，在市区两级农业农村局、园林绿化局、渤海镇的支持下，老栗树聚源德合作社联动区内15家主体，成立了怀柔区国昌板栗产业合作社联合社，重点解决板栗社会化服务，未来产业发展的问题，进一步扩大辐射性，持续带动栗农增收。同时，古树音疗冥想、栗园装置艺术展、多款板栗新品甜点体验分享会等同期举办，让人们在感受自然、享受板栗美味的同时，也体验了农业与艺术、与美食的跨界融合。李思鹏还将老栗树明清栗园游与工厂参观游相结合，吸引到怀柔的游客参加以板栗为主题的文化娱乐活动，了解怀柔板栗的悠久历史，宣传长城板栗文化，使怀柔区渤海镇形成了独具特色的板栗产业文化。

3.以科技赋能板栗增产增收

构建栗园智能水肥一体化管理系统，实现精准灌溉、节水灌溉，不仅可以有效避免水资源浪费，而且也是确保每棵栗树营养供给的重要举措。基于这种考虑，近年来，老栗树种植专业合作社秉承"科技创新、效益为重"的创新发展理念，以现有板栗种植园为基础，打造板栗科技示范田，通过创新驱动实现板栗高质量发展。老栗树合作社立足智慧农业的科技前沿，把国内外先进的植物栽培、节水灌溉、智能化管控、信息网络、无线网络控制等高新技术，集成引入板栗园进行示范并推广，迈出坚实的一步。

栗园引进了全维度气象检测系统，可实时精准采集栗树种植区域不同土壤深度的温度、湿度、EC值、pH值等墒情数据，为栗树制定科学的灌溉方案和养分投入方案。为及时准确预防栗园病虫害发生和蔓延，栗园引进智能孢子捕捉系统，专门收集空气流动带来的病原菌，为及早预测和预防病虫害提供可靠数据。过去，栗农们都是根据多年的种植经验判断可能发生的自然灾害以及大致时间，并采取一些传统的措施保护栗树的生长。引进种植区域小气候监测系统之后，通过在栗园布设一套微气象环境监测系统，可对区域内的空气温湿度、风速风向、太阳全辐射、大气压、降雨量等环境气象进行精准监测，并通过云平台镶嵌的栗树环境精准预测模型，预测田间未来10天内，包括热害、冷害、强降雨、露点等栗树生长环境的气象走势，为栗树提供更加精准、适宜的生长环境。在园区管理上，集成应用新一代物联网、云计算、大数据等现代农业信息技术，合作社以栗树精准栽培信物融合系统为核心，按照规模化、集约化、标准化、产业化的发展方向，采用"线上＋线下"相结合的模式，通过物联网系统及智慧栗园管理大数据平台，还可将板栗种植专家多年积累的宝贵管理经验运用到栗园的智慧管理之中，进而形成数字化、规模化、标准化、可复制、可持续的生产管理模式，促进板栗增产增收。

三、乐苹品牌

（一）品牌发展背景

大兴西瓜作为大兴区最具代表性的农产品，已成为全国百强农业区域公共品牌。大兴区庞各庄镇作为大兴西瓜核心产区，自金代起便由于沙带上质及日照充足等得天独厚的自然资源成为皇室贵族的贡品。目前，全镇西甜瓜的种植面积达3万余亩，年产近1亿吨，已培育发展了多个知名西瓜品牌，而由冯乐平于1997年创办的"乐苹"西瓜品牌成为其中的佼佼者。"乐苹"牌在现有北京庞各庄乐平农产品产销有限公司的基础上，成立了北京乐平西甜瓜专业合作社，采用"公司＋合作社＋农户"的发展方式，实行西瓜产供销一条龙服务，企业自成立以来一直处于盈利状态。目前，"乐苹"西瓜品牌作为北京市农业好品牌，已获得了北京市农业产业化重点龙头企业、全国绿色食品示范企业、北京市著名商标、中国驰名商标等多项荣誉与认证，先后向成立了国家商标局申请注册了"乐苹"牌、"乐平·御瓜园" 2个商标。在20余年的企业经营中，冯乐平从西瓜卖不动到不够卖，从无人识到响彻京城，都要归功于她对于品牌的经营。但在2001年以前，"乐苹"牌西瓜鲜为人知。2000年前后曾去机关单位食堂推销，由于西瓜没有商标、商品化包装，以及开具不了正规发票而因此碰壁的经历，使冯乐平意识到自己种植的西瓜属于"三无"产品。加之随着"乐苹"牌西瓜逐渐被人知晓，当时市场上已出现不少"乐苹"的仿冒者、传统西瓜价格逐年下降，百姓的消费升级等影响，使"乐苹"更加坚定走上塑造品牌之路。

（二）品牌发展现状及特点

1.品种创新助力品牌发展

面对庞各庄传统西瓜的激烈竞争，"乐苹"深知要进行差异化经营，要做出精品。为了区别于市场同类产品，乐平农产品产销公司下属的实验基地与我国多家农业科研机构建立了长期合作关系，联合培育了航兴一号、航兴三号、航兴六号等诸多新品种瓜果，使"乐苹"从传统单一生产"京欣"西甜瓜发展成了太空瓜、功能瓜、多彩西瓜等诸多品类。此外，经过充分的市场调研后，以科研创新作为后盾，"乐苹"还引进了西瓜新品种及新种植技术，培育出了方形西瓜，并于2001年在第十三届大兴西瓜节开幕式上展示出后技惊四座，使"乐苹"牌西瓜名扬天下。此后不久，造型新颖、小巧可爱的"乐苹"牌小型瓜、印子瓜、造型瓜、玻璃西瓜、盆栽瓜等一批具有唯一性特色的农产品相继面世，深受消费者的好评，为"乐苹"西瓜的品牌口碑打下良好的基础。

2.高端定位凸显品牌形象

在庞各庄西瓜普遍仍依靠甜度来抢占市场时，"乐苹"牌西瓜则洞察市场动向，结合北京发展现代都市型农业的定位，先人一步抢占高端蓝海市场。"乐苹"西瓜依托科研机构的力量，着力生产有机产品，服务高端市场的用户。合作社对于生产农户提供统一种苗并对生产过程提出了严苛的标准化要求，企业率先改变了与瓜农的关系，成立合作社以加强对瓜农的管理，并给种植瓜农及大棚标号，统一生产标准、成熟度及采收时间，实施科学监测。同时积极进行了绿色、有机认证以增强消费者的信赖，2007年企业引入的质量安全追溯机制，使农产品的质量有了保障，提高了信誉度。在质量保证的前提下，"乐苹"西瓜高端、精品的产品形象得以巩固。"乐苹"牌西瓜不仅在品质上注重品牌效应，还对产品的包装进行了重新设计、统一包装，但凡社员种植的西瓜，都要打上"乐苹"这一西瓜品牌，加之近年来不断获得的各项认证，使得"乐苹"牌西瓜与传统西瓜的差异越发明显。同时，随着农超对接渠道的兴起，"乐苹"西瓜进入沃尔玛等超市销售的行为更为"乐苹"烙下了高端、优质的品牌烙印。

3.多种方式强化品牌价值

目前，企业已通过采取产销直挂、定点专供、超市专柜、院校配餐、观光采摘等多种形式销售，建立了辐射北京市的近百个销售网点，近50公顷的旅游采摘基地，在北京地区潜移默化地传播给消费者"乐苹"农产品就在百姓身边的印象。已举办多年的大兴西瓜节不仅吸引了北京地区的客户，随着节日影响力的增加，更引起了全国各地乃至海外顾客的关注。借助大兴西瓜节这一品牌，乐平合作社在西瓜节期间的重点宣传，借助北京电视台、大兴电视台以及各类纸媒的大力宣传报道，大大增加了"乐苹"牌西瓜的曝光度。此外，2013年乐平农产品供销公司建设了集种植、销售、采摘、观光、农业科普等功能于一体的"御瓜园"西瓜生态文化创意博览园，让"乐苹"的好品质能够直观地呈现在消费者面前，向消费者传播西瓜的营养价值、食疗作用、美容功效，以丰富消费者对"乐苹"这一品牌的感知度。"乐苹"的品牌宣传不满足于北京市，在中泰农业洽谈会等国际论坛上，"乐苹"品牌的产品均销售一空，奠定了冲击海外市场的基础。

四、专平品牌

（一）品牌发展背景

北京专平林下农业专业合作社成立于2009年，是一家集食用菌研发、生产、加工、销售于一体的综合企业。合作社生产的"专平"牌白灵菇产品远销全国，拥有省会级经销商超过20家，在蘑菇种植业界已具备一定的影响力和知名度。而作为我国在世界范围内唯一拥有自主知识产权的一种珍稀食用菌，白灵菇曾因为生产技术不完全成熟，产品质量及产量不稳定，很难进行工厂化的规范生产。"专平"品牌的成功与合作社的所在区位及创始人李专平的个人经历是分不开的。专平合作社坐落于通州永乐店镇，这里被誉为"天然氧吧"，全镇的林木覆盖率高达50%，为发展林荫下的食用菌创造了得天独厚的条件，这也使得永乐店镇成为北京的食用菌生产重镇。北京专平林下农业专业合作社的创始人李专平作为我国最早一批接触蘑菇种植的从业者之一，多年以来一直从事菌类的研究及相关工作，对于菌类培育及研发均有丰富的经验；加之自幼展示出过人的经商头脑，才成就了现在的"专平"品牌在业界的美誉。

（二）品牌发展及建设的现状

1.生产技术过硬为品牌赢得了口碑

合作社社长李专平曾在江苏省农科院蔬菜研究所学习食用菌种植技术，

后师从中国农科院食用菌专家向华,继承了向老师实验室的多项资源,积累了丰富的菌类种植经验。目前合作社有中国农科院食用菌专家向华、江苏省农科院食用菌专家蒋玉武等多位国内食用菌行业的知名专家进行指导。近几年来,作为较早参与白灵菇生产技术和产品开发的北京专平合作社,为国内多家白灵菇工厂化生产的企业提供技术支持,并掌握了白灵菇工厂化生产的最先进技术(工厂化瓶式栽培技术)。合作社的生产基地目前拥有完备的科研、生产、检测设施,包括实验室、菌种制备和保藏设备、冷库、食用菌深加工流水线等;已获得全国食品进出口权许可、国家食品卫生许可和QS工业生产许可等多项认证,为企业生产保驾护航。先进的生产技术使其在业内赢得了良好的口碑,也在北京地区消费者当中树立了良好的品牌形象,"专平"商标于2005年被评为中国食用菌行业最具影响力品牌,并在2007年成为《食用菌市场》杂志"打造菌业名牌 争创企业品牌"栏目上榜品牌;合作社生产的"专平"牌白灵菇,2004年、2007年连续两届成为中国国际食用菌烹饪大赛组委会评为大赛指定产品;2010年合作社生产的白灵菇罐头在北京市农村实用人才创业成果展示推介会中,被评为"最具乡土特色产品";2011年合作社生产的鲜菇脆片在北京市农村实用人才创业成果展示推介会中被评为"最佳创意奖"产品。2015年合作社被评为北京市市级示范社。2011年合作社新上的食用菌脆片深加工项目,使合作社生产设备更新换代,创新性地采用冷冻干燥的生产工艺将蘑菇鲜品加工制作成食用菌脆片,既保留了食用菌原有的营养成分,又克服了鲜品不易运输和贮藏等致命弱点,为向国际市场出口提供了竞争优势。

2.线下的活动增进消费者对品牌的了解

"专平"品牌在通州地区的家喻户晓,离不开合作社的线下宣传。合作社为了加强宣传,打造"专平"品牌,每个月都会走进社区,宣传展销合作社的农产品,并参加了北京农联组织的二十四集市活动。此外,参加通州区科技周活动、中国国际食品安全与创新技术展览会、通州区科普日及双创周活动、北京2017年京郊特色农产品推荐会等多项互动。同时,合作社每个月还举办丰富多彩的活动,如致青春主题活动、专平粉丝见面会、亲近大自然活动、红薯大作战活动、书法绘画大师交流活动等。

3.培育全产业链让品牌贴近百姓生活

合作社多项并举打造品牌,首先是推进第一产业向第二产业融合。4年来,在社长李专平的带领下,合作社不断扩大生产规模、提高产品附加值、完善和优化产业价值链。现有厂区占地面积4万平方米,厂房建筑面积1.2万平方米,拥有完备的科研、生产、检测设施,2015年实现蔬菜脱水加工产值达1 000万元。其次是适应"互联网+"新趋势,拓展销售网络。2016年,合作社积极发展线上销售,统一收购社员的农产品进行包装和深加工。目前,已拥有多个网络销售渠道,如淘宝(深绿蔬果)、苏宁易购(农民公社)、有赞微商城、拼多多等,销售的产品主要有珍珠黑木耳、新鲜白灵菇、大麦若叶青汁等,月销售额均在100万元以上。最后是加快一二三产融合发展。目前,结合通州城市副中心建设,重新规划设计海棠与林下经济示范园区,向集农产品生产、加工、销售、研发、会议、餐饮、培训、文创于一体的综合园区发展,拉长产业链条,培育品牌优势、实现一二三产进一步融合。

五、北菜园品牌

(一)品牌发展背景

北菜园农产品产销专业合作社位于北京市延庆区康庄镇小丰营村,2011年初,为解决当地合作社"小而散"的发展局面,不断满足消费者的需求,并依托更多的农副产品进行高端销售,绿菜园蔬菜专业合作社作为发起人,联合延庆全区 12 个乡镇的 16 家农民专业合作社整合了全县品种分散的农副产品资源，以销售为纽带，以质量为准入，成立了北菜园农产品产销专业合作社（联合社）。近年来，在深化"合作社+公司+农户+基地"运营模式的基础上，抓牢质量核心，完善管理机制，探索创新模式，不断提高有机蔬菜产业的规模效益和质量标准，2018 年实现销售收入 2 100 万元，同比增长 31%，在实现合作社的品牌化经营和产业化发展迈上了新台阶。在 2017 年北京农业好品牌的评选中，"北菜园"品牌成功入选。

（二）品牌发展及建设的现状

1. 渠道间精准营销树立品牌优势

北菜园意识到，在当今激烈的市场竞争中，离不开合作，在保证农户可以参与到供应链中并分享专业化生产带来的利益附加值的同时，还要保证渠道商的利益，更应强调整个供应链中各主体之间的纵向协调，才能实现合作共赢、利益共享，实现品牌的最大化。为此，专门成立了北菜园农业科技发展有限公司，建立经理人机制，发挥专业团队作用，更多地寻求与其他市场经营主体的合作与协调，真正站在商家的角度为对方思考，为渠道商提供支撑服务，在垂直协调的供应链中发挥主导作用。北菜园积极进行供应链资源整合，主动掌握市场有效信息，并把合作社生产信息有效传达给渠道终端，实现信息畅通与共享，使合作社在整个链条上发挥出最大的带动效用。目前，北菜园作为华联 BHG、华润 OLE、京东 7FRESH、哈噜玛特、天津海信、哈尔滨远大等 40 家高端商超的有机蔬菜指定供应商，日供货量在 3 000 斤左右，销售额达 3.6 万元，是北菜园的主要销售渠道，占销售总额的 50%。同时，北菜园已成为京东商城、中粮我买网、本来生活网、果然公社等电商平台和中、农、工、建四大银行线上商城平台合作方，包括北菜园自己开发的 App 营销平台，合作社通过互联网的销售额每日达 1.8 万元，占销售总额的 25 %。同时北菜园积极开拓大客户市场，目前已与学校、企业、银行等企事业单位合作，大客户市场消费潜力巨大，占每日总销量的15%左右，做到品牌在消费者中广泛传播。

2.科学种植为品牌保驾护航

蔬菜病虫害是有机种植过程中的常见问题，北菜园通过与北京阔野田园生物技术有限公司达成合作，运用生物学防治的夜蛾引诱器代替农药，并悬挂防虫黄板、杀虫灯建立起多道防线，对农业有害生物进行杀灭或抑制。在管理方面，北菜园较早地应用现代信息化管理手段。在所有的大棚里安置了摄像头，全天候监控农产品生产、采摘过程并建立档案。在蔬菜大棚内设的传感器，定期检测田地水质、土壤情况，以及湿度、温度、光照度、二氧化碳浓度等相关数据，并通过全程无线信息传输系统定时采集并上传到绿色履历软件平台上。通过绿色履历系统，可获得农产品从播种、育苗、成熟、收获、物流运输整个过程的详细信息。从2009年开始使用条形码，现在改为二维码技术，为消费者提供蔬菜追踪服务，消费者可通过扫描包装上的二维码，查看所购买蔬菜的绿色履历。在产品品质方面，北菜园不使用转基因种子，而是自己培种、育种，避免使用金属含量超标的种子。与此同时，合作社实施有机蔬菜轮作生产方式，均衡利用土壤中营养元素，保证蔬菜生长在土壤肥沃、营养丰富的土壤环境中。合作社对在种植基地收购的所有产品实行"统一种植规划、统一农资购买、统一育苗、统一防治、统一加工、统一品牌销售"六统一管理，并实施每日检查、抽查与检测等日常质量监测，严格把控蔬菜品质，从源头切断一切不合格的产品，实现从生产包装到物流统一标准与质量追溯，保障有机蔬菜从源头到餐桌的新鲜、健康和品质安全。

3.完备的供应体系提供品牌持续力

生鲜农产品的持续供应能力是农业企业的一大难题，同时也制约了企业品牌的持续推广。北菜园目前已初步实现了"种全国，供北京"的供销结构。考虑到有机蔬菜要在不同季节多品种的持续稳定供应北京的消费市场，北菜园通过管理模式、种植技术、天敌生物链防控、田间管理及采收标准等质量管控输出，建立了以销售定植、保价收购的产销共赢模式。通过不同经纬度、不同海拔、不同气候条件，以北菜园为主导，在北京延庆、海南海口、东方、三亚和山东德州以及河北沽源建立了六大核心生产基地，在新疆焉耆、江苏靖江、北京顺义、河南南阳建立了四个特色有机蔬菜生产基地，有效解决了产品稳定、持续、多品种供应。目前，合作基地达2 000亩，年产量可达1 076吨，在弥补北菜园自身基地供应量不足的基础上，还可带动当地有机蔬菜产业的发展。特别是北菜园在河北沽源的扶贫合作基地，在整个种植链条上尤其注重把贫困户纳入帮扶对象范围，实行"3+1"利润模式分配，即农户的土地流转收入、参与劳动的工资性收入、当地合作社的利润分红和当地政府扶持资金的年度返还。如果当地夫妻共同参与生产，每户年均收入将在5万元以上。此过程中，北菜园只收取利润的3%作为运营管理费用，该措施不仅保证了北菜园夏季蔬菜的有效供应，还带动了当地农民就业和产业脱贫。另外，北菜园还同海淀区龙泉养老院等几家机构建立了帮扶关系，定期为孤寡老人送有机蔬菜，履行企业的社会责任。

第七章　国内外品牌农业发展经验借鉴

一、日本品牌农业发展经验借鉴

在当今全球化背景下，农业品牌的塑造与提升对于国家农业竞争力的增强具有至关重要的作用。日本，作为一个资源相对匮乏的国家，通过实施品牌农业战略，成功实现了农业的高质量发展和国际影响力的提升。

（一）一村一品：日本农业品牌化的成功模式

"一村一品"运动是日本农业产业化的成功模式，其核心思想是在一定区域范围内，以村为基本单位，充分发挥本地资源优势，通过大力推进规模化、标准化、品牌化和市场化建设，使每个村或几个村拥有一个或多个市场潜力大、区域特色明显、附加值高的主导产品和产业。这种模式不仅加速了日本农业产业化的进程，还显著提高了农产品的附加值和市场竞争力。

例如，大分县宇佐地区利用橡木原木培育香菇，连续20多年获得全日本干香菇评选大会团体优胜奖。宇佐地区依托干香菇的知名度，带动其他农副产品联动发展，如有机栽培米、有机特选米等，共享宇佐干香菇品牌的影响力。这种品牌联动效应不仅提高了农产品的市场认知度，还促进了当地经济的多元化发展。

（二）里山品牌复兴传统农业：生态与文化的双重赋能

"里山"是日本特有的一个概念，特指传统意义上的农用薪炭林及其周边环境。日本通过"里山倡议"，将农村次生自然环境纳入生物多样性保护范围，强调人类活动对自然环境的积极影响，主张通过对农业—农村生态系统的有效管理，实现人与自然的和谐共生。在这一过程中，日本成功地将里山品牌与传统农业复兴相结合，赋予了农产品丰富的文化内涵和生态价值。

佐渡岛是日本朱鹮的最主要栖息地，通过生态修复，佐渡岛形成了独具特色的"稻田朱鹮生态系统"。以此为契机，佐渡岛开发了以"与朱鹮共生之乡"为品名的佐渡越光米，自上市以来就获得了消费者的广泛关注和青睐。这种将生态修复与农业品牌建设相结合的做法，不仅提升了农产品的附加值，还促进了当地生态系统的恢复和保护。

二、智利品牌农业发展经验借鉴

在全球化背景下，品牌农业已成为提升国家农业竞争力、促进农业可持续发展的重要途径。智利，一个位于南美洲西南部的狭长国家，以其独特的地理环境和气候条件，发展出了以车厘子和葡萄酒为代表的品牌农业，成功跻身全球农产品出口强国之列。

（一）品质与创新的双重驱动：智利车厘子

智利车厘子以其甜美多汁、营养丰富而闻名于世，已成为中国消费者心目中的明星水果。智利车厘子品牌农业的成功，主要得益于以下几个方面。

反季节优势与精准市场定位：智利车厘子的成熟季节与中国等北半球国家形成互补，每年11月至次年2月，正值中国元旦和春节消费旺季，智利车厘子恰好填补了中国市场的反季节需求。智利车厘子品牌精准定位中国市场，通过大规模出口，迅速占领了中国高端水果市场。

标准化生产与质量控制：智利车厘子种植园普遍采用标准化生产模式，从种植、采摘到包装、运输，每一个环节都严格按照国际标准进行。智利水果出口商协会等组织还制定了严格的质量控制体系，确保车厘子的品质和安全性。这种标准化生产和质量控制体系，为智利车厘子品牌赢得了良好的市场口碑。

品牌建设与市场推广：智利车厘子品牌通过参加国际农产品展会、举办品鉴会等方式，积极推广品牌形象。同时，智利车厘子还与中国电商平台合作，通过线上营销和直播带货等方式，进一步扩大了品牌知名度和市场份额。例如，2023/2024年度水果季，智利对华出口车厘子37.7万吨，占智利车厘子出口总额的91%，车厘子及其相关产业创收近30亿美元。

（二）品牌与文化完美结合：智利葡萄酒品牌农业

智利葡萄酒以其独特的风味和高品质在国际市场上享有盛誉，品牌农业的发展同样取得了显著成效。

智利拥有多样的气候和土壤类型，为不同品种的葡萄生长提供了得天独厚的条件。智利葡萄酒品牌充分利用这一地域特色，推出了具有独特风味和品质的葡萄酒产品。例如，智利的赤霞珠（Cabernet Sauvignon）葡萄酒以其浓郁的黑莓和草莓果香、柔滑的单宁和悠长的余味而备受推崇。

品牌故事与文化营销：智利葡萄酒品牌注重品牌故事的讲述和文化营销的传播。通过讲述葡萄酒的种植历史、酿造工艺和品牌背后的故事，增强了消费者对品牌的认同感和归属感。同时，智利葡萄酒品牌还积极参与国际葡萄酒展会和文化交流活动，提升了品牌的国际知名度和影响力。

可持续发展与环境保护：智利葡萄酒品牌注重可持续发展和环境保护，采用有机种植和生物动力法等环保生产方式，减少化学农药和化肥的使用，保护生态环境。这种可持续发展理念不仅提升了葡萄酒的品质和口感，还赢得了消费者的青睐和信任。

三、上海品牌农业的经验借鉴

（一）政策引导：构建品牌农业的制度框架

上海品牌农业的蓬勃发展，首先得益于政府层面的高瞻远瞩与精准施策。上海市政府通过制定一系列扶持政策，如《关于推进本市品牌农业发展的实施意见》，明确了品牌农业的发展目标、重点任务与支持措施。这些政策不仅涵盖了品牌建设、市场推广、技术创新等多个方面，还特别强调了地理标志产品的保护与利用，为上海农产品的差异化竞争提供了法律保障。

在品牌建设方面，上海市政府积极鼓励农业企业注册商标、申请地理标志保护产品等，提升农产品的品牌价值和市场竞争力。据统计，截至目前，上海市已拥有多个具有较高知名度和美誉度的农产品品牌，如"崇明大米""南汇水蜜桃"等。在市场推广方面，上海市政府通过组织参加国内外农产品博览会、举办农产品品鉴评优活动等方式，积极推广上海农产品品牌。例如，在近年来的各类农产品博览会上，上海农产品屡获殊荣，不仅提升了品牌的知名度和美誉度，还促进了农产品的销售和农民增收。

在技术创新方面，上海市政府大力支持农业科技创新，推动农业与科技深度融合。通过实施农业科技项目、构建产业技术体系等方式，不断加强科技创新平台建设，提升农业科技创新能力和水平。例如，上海市与多所高校和科研机构合作，共同研发了一系列具有自主知识产权的农业新品种、新技术和新装备，为品牌农业的发展提供了有力的技术支撑。在资金支持方面，上海市政府设立了专项基金，用于支持品牌农业的发展。这些资金主要用于品牌建设、市场推广、技术创新等方面，为农业企业提供了有力的资金保障。据统计，近年来上海市政府已投入数亿元资金支持品牌农业的发展，有效推动了品牌农业的快速发展。

（二）市场拓展：多元化策略促进品牌国际化

上海品牌农业的成功，还在于其市场拓展的多元化与国际化视野。一方面，上海积极利用电商平台、社交媒体等新兴渠道，拓宽农产品销售渠道，实现线上线下的深度融合；另一方面，通过参与国际农产品博览会、建立海外营销网络等方式，提升上海农产品的国际知名度与市场份额。例如，"崇明生态农产品"品牌就成功打入国际市场，成为上海品牌农业的一张亮丽名片。崇明区作为上海最大的农业地区，其生态农产品品牌在国际市场上逐渐崭露头角。通过参与国际农产品博览会、建立海外营销网络等方式，崇明生态农产品的知名度和美誉度不断提升。以大米为例，通过订单农业项目与生鲜电商企业的合作，崇明大米成功打入国际市场，实现了从"种源到餐桌"的可溯源优质供应链。2024年度，参与包产包销模式的合作种植户平均收入接近30万元，有效促进了农民增收和农村经济的发展，崇明岛种植的南粳46号水稻品种，以其优质的口感和独特的品质，先后荣获"金奖大米"、"金奖稻品"以及"日本最优秀奖"等多项国内外大奖，被誉为"华东最好吃的大米"，在国际市场上与东北五常大米齐名，享有"北五常，南崇明"的美誉。

（三）食品安全：构建全链条的质量管理体系

上海在品牌农业发展过程中，不断加强农产品质量检测工作。通过建立健全农产品质量检测体系，对农产品进行定期抽检和风险评估，及时发现和处理农产品质量安全问题。据统计，上海市农业农村委员会每年都会对农产品进行大量的抽检，抽检范围覆盖全市各大农产品生产基地、批发市场和零售终端。同时，上海还积极引进先进的检测技术和设备，提高农产品质量检测的准确性和效率。在推动绿色农业发展方面，上海市也制定了相关政策，如《关于印发上海市农业绿色生产补贴专项有关管理细则的通知》，对从事粮食生产的农户、家庭农场、农民专业合作社、农业企业等给予补贴，以鼓励化肥农药减量增效和绿色生产。上海在品牌农业发展过程中，始终坚持"质量第一、安全第一"的原则，构建了覆盖生产、加工、销售全链条的食品安全管理体系。上海市农业农村委员会积极推动农产品追溯系统的建设与应用，要求农产品生产企业必须建立追溯档案，记录农产品的生产、加工、运输、销售等关键环节信息。消费者只需扫描农产品包装上的追溯码，即可了解农产品的全部生产流程和质量信息。同时，为了保障农产品的安全和高品质，上海积极推广绿色生产技术。通过采用生物防治、物理防控等绿色防控技术，减少化学农药和化肥的使用量，降低农产品中的农药残留和重金属污染风险。据统计，近年来上海市绿色防控技术的覆盖率逐年提高，目前已达到较高水平。同时，上海还鼓励农业企业采用先进的生产设备和工艺，以提高农产品的加工质量和安全性。

（四）加强农产品质量检测

以练塘镇为例，该镇在推进蔬菜保护镇建设工作中，明确提出了减少化肥农药使用量、实现负增长的目标，逐年减少4%以上，同时提出了绿色防控覆盖率达到60%、绿色产品认证率达到80%等具体目标。

四、对北京品牌农业发展的启示

（一）注重地域特色与文化内涵的挖掘

农产品特别是地理标志农产品具有独特的地域特色和文化内涵，在品牌农业建设过程中，应深入挖掘这些特色资源，打造具有地方特色的农产品品牌，提升农产品的市场竞争力。同时在品牌农业建设过程中，应充分考虑生态与文化的双重赋能。通过生态修复和文化挖掘，提升农产品的生态价值和文化内涵，增强消费者的品牌认同感和忠诚度。

（二）强化品牌策划与营销

应非常注重品牌策划和营销，通过整合营销思路，将品牌信息传递给消费者。加强农业品牌的宣传和推广，注重线上线下多种渠道拓展农产品，并通过讲述品牌故事、塑造品牌形象等方式提高品牌的知名度和美誉度，通过与消费者的互动沟通，提高品牌的忠诚度和复购率。

（三）推动农业产业链的延伸与拓展

品牌化战略促进了农业产业链的延伸和拓展，应鼓励和支持农业企业、农民合作社等主体，开展多元化经营和产业链延伸工作，通过发展农产品加工、乡村旅游等产业，提高农业附加值和农民收入水平。

（四）注重生态与环境保护

推动可持续发展与环境保护：在农业品牌化建设过程中，应注重可持续发展和环境保护理念的应用和推广。通过采用环保生产方式、推广有机农业等措施，保护生态环境、提高农产品品质和市场竞争力。

（五）构建一套完善的品牌农业政策体系

这包括但不限于制定品牌农业发展规划、优化农业产业结构、加强地理标志产品认证与保护、设立专项基金支持品牌培育与营销等。通过政策引导，激发农业企业与农户的品牌意识，为品牌农业的发展奠定坚实的制度基础。

第八章　促进北京品牌农业发展的建议

一、品牌战略升级：构建多维价值体系

（一）推行"主副品牌协同"策略，针对不同产品线开发特色子品牌

如依托"京味农耕"公共品牌延伸高端定制系列，规避单一品牌风险。例如"京味农耕·御田稻"系列可聚焦皇家贡米文化打造轻奢化产品线，既保留主品牌的地域认知优势，又通过副品牌精准传递产品差异化价值。品牌运营需强化"公共品牌+特色子品牌"矩阵建设，依托"京味农耕"区域公用品牌延伸高端定制线，开发"御苑鲜蔬""玉泉贡米"等文化子品牌，通过主品牌背书降低市场认知成本，利用子品牌实现精准客群触达，最后在品牌延伸过程中需建立风险评估机制，运用大数据监测各子品牌市场表现，通过动态调整产品组合优化资源配置，确保主品牌价值不被稀释。

（二）深化文化赋能，挖掘北京皇家农业遗产

北京品牌农业文化赋能需构建"历史基因解码—文化场景创新—数字传播裂变"的三维体系，深度激活皇家农耕文化遗产与现代消费需求的双向链接。在文化赋能维度，应深度挖掘北京皇家农业遗产与民俗文化资源，将《耕织图》中的农事美学、先农坛祭祀仪式等非物质文化遗产转化为品牌叙事内核，推动"历史场景复刻+现代工艺创新"双向融合，应系统梳理先农坛糖田文化、京西稻御田体系等皇家农业遗产，建立"北京农耕文化基因库"，通过考古复原与数字建模技术再现《耕织图》中的农事场景，将历史文脉转化为品牌叙事核心。在产品开发维度推行"非遗活化工程"，推动景泰蓝、雕漆等传统工艺与农产品包装设计深度融合，如在平谷大桃礼盒中

嵌入非遗掐丝珐琅技艺，形成"可触摸的文化符号"。针对Z世代消费群体，运用元宇宙技术构建"数字先农坛"虚拟体验空间，消费者可通过VR参与线上春耕仪式并解锁限量版数字藏品，形成文化传播与消费转化的闭环。

（三）利用元宇宙技术，构建虚拟品牌体验空间

通过数字孪生还原历史场景（如先农坛春耕仪式），增强消费者互动与文化认同。数字化传播体系需突破传统营销边界，运用元宇宙技术构建虚拟农田体验空间，消费者可通过数字孪生系统参与线上春耕秋收仪式，在沉浸式互动中强化品牌认同；同时整合抖音、快手等新媒体平台建立"京品农业"直播矩阵，通过AI虚拟主播24小时讲解产品背后的文化典故，形成"内容种草—场景体验—即时转化"的闭环链路。

二、成本管理优化：向精益化与智能化转型

（一）完善战略成本控制体系

1.构建"全员成本责任制"动态管理机制

将成本指标分解至研发、生产、物流等全流程，明确各部门岗位职责，建立"成本考核—奖惩激励"联动制度，通过绩效挂钩增强全员成本意识。并利用物联网传感器实时采集农田温湿度、农机能耗等数据，构建农业全生命周期成本核算模型，动态优化灌溉、施肥等环节的资源利用率。

2.强化全链成本标准化建设

制定覆盖种植、加工、流通的标准化成本指标体系，如针对大兴西瓜建立"育苗—采收—冷链"分段成本基准，通过区块链技术实现数据可追溯，

避免人为偏差。定期开展成本差异分析，利用大数据识别高损耗环节（如冷链断链导致的腐损率），针对性实施技术改造或流程再造。

（二）深化供应链金融创新应用

1. 构建透明化供应链成本网络

推广区块链智能合约技术，实现平谷大桃供应链中农户、合作社、物流企业的订单流、资金流、票据流"三流合一"，降低对账争议和交易摩擦成本。建立京津冀农产品供应链金融联盟，整合金融机构资源为中小农企提供应收账款质押、仓单融资等定制化服务。

2. 创新生态价值转化机制

探索"碳汇＋金融"融合模式，对密云水库周边生态农田进行碳汇计量认证，通过碳汇质押融资获取低息贷款，反哺有机种植技术升级。并将水土保持、生物多样性保护等生态效益纳入企业成本核算框架，引导资源向高附加值生态农业倾斜。

三、战略规划能力提升：锚定市场需求与技术前沿

（一）构建"双循环"战略布局

对内依托京津冀协同机制，建立"中央厨房＋社区终端"供应链网络，精准对接超大城市消费升级需求；对外借力RCEP协议布局跨境冷链物流，推动"京品"高端农产品出口，开拓东南亚高净值市场。

（二）深化人本管理创新

建立"农业经理人"培养体系，联合在京的农林院校开设品牌运营、数字营销等定制课程，提升从业人员复合能力；推行"股权激励+技能评级"双轨机制，将员工绩效与品牌增值收益挂钩，激发内生动力。

四、利益共享机制建设：强化企业与农户协同发展

（一）创新联农带农模式

推广"企业+合作社+农户"三级架构，通过订单农业锁定种植标准与收购价格，降低农户市场风险，龙头企业（如首农集团）负责制定全产业链标准，合作社承担质量管控与组织协调，农户按需执行绿色种植规程，并通过"保底收购+溢价分成"机制（如大兴庞各庄西瓜实行1.8元/斤保底价，市场溢价部分农户可获得60%分成），实现亩均收益提升；并设立"技术共享服务站"，为农户提供智能灌溉、病虫害AI诊断等数字化服务，提升生产效能。

（二）探索生态价值分配机制

联合北京绿色交易所构建农业碳汇区块链平台，实现碳汇计量、交易分账、资金流向全流程上链存证，以确保北京生态种植区减排量（每吨CO_2当量）与农户账户收益实时映射。例如，在平谷大桃、房山黄芩等生态种植区还可推行"三三制"分配机制：碳汇交易收益的30%用于农户直接分红（按管护面积折算）、30%注入村集体公益基金（用于生态修复设备购置）、40%定向投入品牌建设（开发碳标签认证产品），将碳汇收益按比例返还参与生态种植的农户，实现生态红利共享。

五、产业结构调整：向高附加值赛道聚焦

（一）优化品类布局

加速推进富硒蔬菜产业化进程，依托北京市农林院校功能性蔬菜研发成果，建立怀柔板栗、房山菠菜等特色农产品的硒元素精准调控技术体系，同步开发药食同源产品（如基于宫廷膳食配方的菊苣葛根饮），推动"百千工程"示范园区建设高花青素紫快菜、高硫苷羽衣甘蓝等功能性蔬菜标准化生产基地。并实施"中央厨房＋卫星工厂"模式，在通州、大兴等区布局预制菜加工集群，重点开发低脂粗粮主食、即食鲜蔬沙拉等健康品类，运用液相芯片技术建立原料质量追溯体系，确保平谷大桃、小汤山特菜等核心原料的品种纯正性与营养稳定性。

（二）拓展产业链增值节点

建设农业科技成果转化中心，推动分子育种、细胞工厂等前沿技术产业化，抢占生物农业赛道先机。建设农业科技成果转化中枢，依托农业中关村核心区，组建生物农业技术转化中心，重点突破分子标记辅助育种技术，建立北京特色果蔬（平谷大桃、大兴西瓜）全基因组选择模型，将品种选育周期缩短。构建"实验室—中试基地—产业园区"三级转化体系，促进科研成果产业化。

六、数字化赋能：构建全链智慧农业生态

（一）打造产业互联网平台

北京品牌农业需构建"全链数据贯通＋智能决策中枢"的产业互联网平

台，整合智能温室物联网系统、冷链物流区块链溯源、消费会员画像分析三大核心模块，形成"生产—流通—消费"闭环管理生态。在生产端，依托物联网传感器实时采集温室光照、温湿度及土壤墒情数据，结合精准农业算法优化水肥一体化灌溉参数，实现京郊特色果蔬（如大兴西瓜、平谷大桃）单位产量提升的同时降低资源损耗；流通端应搭建冷链物流大数据中心，通过区块链技术记录农产品从采收预冷到终端配送的温控数据，并与京津冀农产品交易平台打通库存信息，动态调度冷链车辆降低空载率。在消费端，需深化会员消费行为分析，利用AI算法解析SKP商圈高端客群的时令偏好与营养需求，反向定制农产品的种植计划，推动订单农业。

（二）深化场景应用创新

北京品牌农业需构建"AI健康服务＋精准供应"双轮驱动模式，如在社区零售终端部署AI营养推荐系统，通过智能体测设备采集消费者BMI指数、代谢特征等健康数据，结合中医体质辨识算法与膳食营养数据库，为消费者定制"京品鲜蔬＋功能农产品"组合方案（如针对"三高"人群推荐低脂怀柔板栗与房山富硒菠菜），推动社区零售从单一产品售卖向"健康监测—营养干预—会员黏性提升"服务生态转型。同时建立"健康数据—生产计划"实时响应机制，打通社区终端AI系统与京郊生产基地的物联网平台，当系统监测到朝阳区CBD商圈白领群体普遍存在维生素B族缺乏趋势时，可自动调整小汤山特菜基地的芽苗菜种植比例，实现72小时内完成"需求洞察—生产调度—产品上架"全链响应。

参考文献

[1] 王良燕，张天伦.从品牌资产到品牌力：数字时代的品牌管理创新[J/OL].系统管理学报，1-14[2025-03-11].https://kns-cnki-net.webvpn.bua.edu.cn/kcms/detail/31.1977.N.20241028.0856.002.html.

[2] 曹嵘，胡晓东，金贝李.茶区域品牌管理与建设研究：以西湖龙井为例[J].福建茶叶，2025，47（2）：47-49.

[3] 王猛，葛继红.地方政府建设农产品区域公用品牌的行动逻辑[J].农业经济问题，2025（2）：40-51.

[4] 孙丽凤.农产品地理标志品牌建设策略分析[J].商场现代化，2025（6）：19-21.

[5] 毛小报，李兴彩，应城通.浙江省农产品区域公用品牌建设与提升路径研究[J].山西农经，2025（2）：104-106.

[6] 马真真.绿色化工产品品牌新媒体营销策略优化[J].应用化学，2025，42（1）：141-142.

[7] 朱迎雪，刘新民，于文成.品牌化建设能否助推农业企业新质生产力发展？[J/OL].农业现代化研究，1-14[2025-03-11].https://doi.org/10.13872/j.1000-0275.2024.1404.

[8] 于洋，于晗，李宸坤，等.农村电商对品牌农业意识提升的空间溢出效应分析[J].农业经济，2024（11）：135-137.

[9] 杨越，丁玉莲，蒋玉，等.区域公用品牌对农产品网络销量的影响：在线声誉"赋能"还是"负能"？[J].中国农村经济，2024（7）：75-95.

[10] 翁瑶.农业品牌公关管理：塑造与传播策略研究[J].国际公关，2024（24）：115-117.

[11] 徐军富.台州市农业品牌发展研究[J].河北农机，2024（24）：142-144.

[12] 揭伟.贵州黔菜公共品牌发展路径研究[J].经济研究导刊，2024（23）：

74-77.

[13] 张一博，王丹，史浪，等.烟草工商企业品牌共育新模式构建研究[J].中国市场，2024（34）：103-107.

[14] 杨炜怡，安强.农业遗产元素在乡村品牌中的运用与创新[J].上海包装，2024（10）：120-122，168.

[15] 陆燕，姚莉."西牛麻竹笋"农产品区域公用品牌推广路径探析[J].农业产业化，2024（9）：46-48.

[16] 王德方.乡村振兴背景下乡村农产品特色品牌营造与构建[J].商场现代化，2024（16）：7-9.

[17] 青灵.特色农产品品牌建设与发展策略：以吉林省为例[J].农村科学实验，2024（15）：7-9.

[18] 刘继尧，贾正宇，包明齐.县域农产品公共品牌助力县域经济发展研究[J].全国流通经济，2024（14）：127-130.

[19] 邹华."讲故事"的营销艺术精髓[J].中国服饰，2024（7）：61-63.

[20] 李冬冬，夏兆刚，王华.建设农业强国背景下北京市农业社会化服务发展研究[J].农业经济，2024（1）：26-28.

[21] 陈晓钰.贵州特色农产品品牌创新策略[J].合作经济与科技，2024（17）：52-54.

[22] 卞纪兰，张孟玉.京津冀地区地理标志农产品品牌建设研究[J].安徽农业科学，2024，52（11）：244-246，252.

[23] 瞿珊珊.农家品牌管理现状分析与对策建议[J].黑龙江粮食，2024（2）：88-90.

[24] 郭晓晓，皇甫瑞灵，郑艳洁.中国绿色农业产业链现代化水平指标体系构建与测度[J].生态经济，2023，39（12）：110-117.

[25] 高芸，赵芝俊，张鸢，等.农产品区域公用品牌创建与维护机制研究：新西兰麦卢卡蜂蜜案例的经验与启示[J].世界农业，2023（12）：43-54.

[26] 施凯.加强农业标准化管理促进品牌发展[J].河北农业，2023（11）：43-44.

[27] 雷亮，吕琪.区域品牌发展逻辑综述[J].软科学，2023，37（7）：126-133.

[28] 仪修出，范红.特色小镇在国际文旅中塑造国家形象的品牌策略：以乌镇戏剧节为例[J].中南民族大学学报（人文社会科学版），2023，43（6）：71-81，183-184.

[29] 宁科杰.农产品公用品牌"邵阳红"建设问题研究[J].全国流通经济，2023（21）：24-27.

[30] 向涌，苗榕."茅台管理"塑造世界一流品牌[J].企业管理，2023（10）：90-93.

[31] 杨辉，张鹏鹏，吴珂佳.涉农企业农产品品牌创建行为的影响因素研究[J].中国麻业科学，2023，45（5）：239-247.

[32] 何卫蓉，刘丹，唐恢红.龙山县农业品牌建设情况及发展策略[J].湖南农业，2023（10）：34-35.

[33] 李曜轩.新经济形势下企业品牌管理的市场营销策略分析[J].商场现代化，2023（16）：62-64.

[34] 马思远.区域农产品公用品牌建设问题及对策[J].广东蚕业，2023，57（8）：77-79.

[35] 蒲娟，王惠，冯东河.奶业振兴视阈下新疆乳企品牌竞争力评价研究[J].安徽农业科学，2023，51（13）：198-203.

[36] 娄宜辰.基于设计管理体系的地域特色品牌价值研究：以合肥詹记食品为例[J].上海包装，2023（5）：102-104.

[37] 张燕，陈秉谱.乡村振兴背景下靖远枣业区域品牌培育与发展研究[J].热带农业工程，2023，47（2）：28-31.

[38] 耿献辉，牛佳，曹钰琳，等.农产品区域公用品牌维护及可持续发展机制：基于固城湖螃蟹的案例研究[J].农业经济问题，2023（4）：78-91.

[39] 郝文艺.新型农业经营主体参与品牌农业行为的影响因素[J].全国流通经济，2023（6）：152-155.

[40] 胡晓立，赵婵璞，甘勇，等.地理标志农产品"新乐西瓜"区域品牌建设现状及建议[J].现代农业科技，2023（6）：197-201.

[41] 高婧斐，余振怀，陈含韬，等.峨眉山茶区域公用品牌建设成效及对策建议[J].中国茶叶，2023，45（3）：66-69.

[42] 刘静，范景明.本土企业的顾客认知管理与品牌构建：基于飞鹤乳业的纵向案例研究[J].经济管理，2022，44（5）：142-156.

[43] 董银果，钱薇雯.农产品区域公用品牌建设中的"搭便车"问题：基于数字化追溯、透明和保证体系的治理研究[J].中国农村观察，2022（6）：142-162.

[44] 胡晓云，徐东辉，孙志永.品牌打造：促进蔬菜产业高质量发展的新赋能[J].中国蔬菜，2022（12）：1-6.

[45] 赵海燕，严铠，刘仲妮，等.现代农业产业园产业融合发展水平研究：基于北京8家园区的实证分析[J].中国农业资源与区划，2022，43（8）：119-129.

[46] 吴润清，陈泓含，袁芳芳.区域公用品牌：脱贫县产业发展的有效路径[J].宏观质量研究，2022，10（6）：84-105.

[47] 王欣星，王新利.打造优质农业区域品牌助力乡村振兴[J].农业经济，2022（6）：127-128.

[48] 董银果，钱薇雯.新发展格局下农产品品牌发展路径研究：基于农产品质量投入的视角[J].中国软科学，2022（8）：31-44.

[49] 胡世霞，王红玲，陈世雄，等.关于乡村振兴背景下农业区域公用品牌建设的探讨[J].农业经济，2022（10）：124-126.

[50] 张蕊.兴趣电商视角下农产品品牌管理研究[J].农村经济与科技，2022，33（18）：227-229.

[51] 李荆.新时代企业文化品牌塑造与传播策略研究[J].企业改革与管理，2022（18）：171-173.

[52] 冯琨.新媒体时代农产品品牌塑造研究[J].农业经济，2021（7）：131-132.

[53] 赵隆飞，桂琳.消费者视角下的北京农产品品牌资产研究：以"小汤山"蔬菜为例[J].中国瓜菜，2021，34（1）：84-89.

[54] 王昌海.论我国经济发达地区农村经济绿色发展转型：以北京地区为例[J].技术经济，2021，40（4）：87-93.

[55] 李文路.农业旅游文化与品牌建设研究[J].核农学报，2021，35（4）：1012.

[56] 谌飞龙，肖婷文，熊曦，等.多产地农业企业使用地理标志品牌的意愿性研究：原产地资源禀赋视角[J].经济地理，2021，41（2）：174-184.

[57] 唐玉生，农冰，刘健.品牌营销战略群的内涵、结构与管理[J].商业经济研究，2020（7）：75-78.

[58] 杨肖丽，薄乐，牟恩东.农产品区域公共品牌培育：运行机制与实现路径[J].农业经济，2020（1）：125-127.

[59] 张海洋，胡宝贵.北京市蔬菜品牌建设现状及对策建议[J].中国瓜菜，2019，32（5）：63-67.

[60] 胡胜德，王伟森.韩国农特产品共同品牌建设对我国的启示[J].农业经济与管理，2019（3）：89-96.

[61] 吴雪.将打造区域农业品牌与乡村振兴相结合[J].人民论坛，2018（17）：74-75.

[62] 何传新，时海燕.农业品牌建设问题研究：以山东省泰安市为例[J].农业经济，2018（8）：3-5.

[63] 胡旺盛，魏晓敏.品牌杠杆作用下品牌创新的策略研究[J].商业经济研究，2017（19）：67-68.

[64] 陈法杰，李志刚.国际农产品地理标志管理体系及经验借鉴[J].江苏农业科学，2017，45（9）：1-4.

[65] 朱令娴.如何提升茶企业品牌形象的管理[J].福建茶叶，2017，39（1）：406.

[66] 张正河.讲好品牌故事，铸造县域特色农业品牌[J].人民论坛，2017

（S1）：84-85.

[67] 王泗通，孙良顺."老字号"品牌的危机管理与重塑：以南京新冠生园为例[J].湖南社会科学，2017（5）：75-81.

[68] 袁征.企业转型升级中的品牌重塑策略[J].企业管理，2016（7）：109-111.

[69] 江洪.农产品品牌建设中农业合作组织的角色分析[J].农业经济，2016（2）：136-137.

[70] 俞燕，李艳军.传统特色农业集群区域品牌对中小企业品牌竞争力的影响研究：基于吐鲁番葡萄集群的实证分析[J].农业现代化研究，2015，36（5）：842-849.

[71] 胡东.区域品牌形象从何而来：以北京怀柔区为例[J].新闻与写作，2015（5）：89-91.

[72] 俞燕，李艳军.区域品牌创新驱动的传统农业集群价值链功能升级策略[J].统计与决策，2014（18）：65-67.

[73] 刘雪飞，胡胜德.国外农产品品牌建设的基本经验及启示[J].世界农业，2014（6）：1-5，237.

附　录

附表1　北京各区域主要品牌情况

区域	基地数量	"三品一标"数量	主要农产品品牌	主要农业企业品牌	区域公共品牌
朝阳	12	83	郎家园枣、金盏早酥梨、观音堂水蜜桃、蟹岛游鸡、北京黑猪、北京油鸡	金盏蟹岛、北京方圆平安食品开发有限公司、北京黑庄户观赏鱼养殖发展中心、来广营朝来农艺园、豆各庄林万德、崔各庄永顺华	
平谷	43	236	平谷鲜桃、茅山后佛见喜梨、北寨红杏、京红一号、京粉一号、峪口蛋鸡	北京泰华食品饮料有限公司，北京平乐食品有限公司，北京永丰创新农业科技有限公司、北京北寨红杏产销专业合作社、北京华利丰果菜产销专业合作社、金海大枣观光园、北京魏太务花明蔬菜产销合作社、北京胜泉康汇农产品合作社、超大现代农业集团北京分公司、北京华裕食品有限公司、北京市老才臣食品有限公司、北京绿谷丰土特产品有限公司、北京汇种农产品产销专业合作社、北京千喜鹤食品有限公司、北京市华都峪口禽业有限责任公司、澳芝妙奶山羊养殖专业合作社、北京市平谷区绿都林科技示范园、北京绿谷蜂农蜜蜂养殖专业合作社、北京绿农兴云果品产销专业合作社	平谷大桃、茅山后佛见喜梨、平谷鲜桃、北寨红杏
大兴	112	301	大兴西瓜、大兴梨、大兴甘薯、安定桑葚、庞各庄金把黄鸭梨	北京汉良瓜果种植专业合作社、北京四季阳坤农业科技有限公司、北京庞各庄乐平农产品产销有限公司、北京华莹农业有限公司、北京广润发果品专业合作社	茅山后佛见喜梨
昌平	69	226	昌平"静香"百合花、昌平苹果、昌平草莓、昌平柿子、昌蜜红少籽瓜、阳坊涮羊肉、昌平思陵烙糕	北京天翼生物工程有限公司、北京水屯农副产品批发市场、北京天润园农业发展有限公司、北京天周食品工业有限公司、苹果主题公园、北京阿卡农庄	平谷鲜桃

区域	基地数量	"三品一标"数量	主要农产品品牌	主要农业企业品牌	区域公共品牌
怀柔	37	160	桥梓尜尜枣、燕山板栗、龙山矿泉水、呷乐呷、绿岸、"大才田园"柴鸡、"天惠"西洋参、"圣竹"草莓、"林生泽"柴鸡蛋、"北磨坊"彩色花生、峪河牌、"金栗源"、北京果脯	北京富亿农板栗有限公司、凤山百果园、峪河红肖梨、北京天惠参业股份有限公司、北京绿神鹿业有限责任公司、北京圣竹种植中心、北京红螺食品有限公司、金田麦食品、北京顺通虹鳟鱼养殖中心、颐寿园（北京）蜂产品有限公司、北京红螺食品有限公司、北京御食园食品有限公司、北京蓝天白鸽土特产品有限公司、北京汤河口福源专业合作社	怀柔板栗、桥梓尜尜枣、龙山矿泉水
延庆区	49	325	延庆国光苹果、延庆黑甘薯、延庆黑花生、延庆水果玉米、延庆杏、延庆马铃薯、延庆板栗	北京德青源农业科技股份有限公司、金果园老农食品有限公司、北京绿富隆农业股份有限公司、乐陵希森马铃薯产业集团有限公司	延庆国光苹果、延怀河谷葡萄、延庆葡萄
密云区	87	567	密云甘栗、"燕香"板栗、"京密"有机蜂蜜、"花彤"有机蜂蜜、康顺达蔬菜、悦民嘉誉水蜜桃及甜瓜、新城子云岫牌苹果、石峨御皇牌李子、京纯蜂蜜、诚凯成油鸡、密云三烧、穆家峪红香酥梨、大城子红肖梨、黄土坎鸭梨、蔡家洼樱桃、坟庄核桃、蔡家洼豆腐、黑五类食品、密云水库活鱼、金匣罗小米、密云香酥熟杏仁	北京绿湖工贸有限责任公司、北京张裕爱斐堡国际酒庄有限公司、北京绿润食品有限公司、北京隆源农嘉禾农业科技有限公司、北京互润农业生态园有限公司、北京家田食品有限公司、奥金达蜂产品专业合作社、京纯养蜂专业合作社	密云甘栗、燕山板栗
房山	103	518	磨盘坊、京一根粉条、张坊猕猴桃、房山菱枣、房山香菇、房山平菇、金北联红小豆、房山核桃、良乡板栗、磨盘柿子醋、房山花椒	北京卓宸畜牧有限公司、北京凯达恒业农业技术开发有限公司、北京德润通农业科技发展有限公司、京之源（北京）农业有限公司、北京首诚农业发展有限公司、北京利民恒华农业科技有限公司、北京凯达恒业农业技术开发有限公司、北京中科天利水产科技有限公司	房山磨盘柿、房山黄金梨

北京品牌农业发展研究

区域	基地数量	"三品一标"数量	主要农产品品牌	主要农业企业品牌	区域公共品牌
门头沟	6	28	妙峰山玫瑰花、军庄京白梨、门头沟京西白蜜、蝴蝶画、纸皮核桃、黄芩茶、泗家水红头香椿、陇驾庄盖柿、太子墓牌红富士苹果、火村红杏、绿润甘栗、龙王帽杏仁	北京树唐枫林农业科技有限公司、北京樱桃仙境农业观光园有限公司、北京维得鲜农业科技开发有限公司、北京大山鑫港核桃种植专业合作社	京白梨、京西核桃、门头沟京西白蜜
海淀	15	77	京西贡稻、冬枣、樱桃、北京鸭、蓝梦庄园	四季青双新观光采摘果园、北京市海淀区西北旺镇森林之星观光采摘园等	海淀玉巴、达杏、京西稻、北京鸭
丰台	8	58	草桥菊花、长辛店脆枣	绿山谷、世界花卉大观园等	丰台芍药、长辛店脆枣、草桥菊花、花香月季、花香牡丹
顺义	76	482	汇源、金路易、鹏程、北郎中、顺鑫农业、大三环、牛栏山、恒慧通	北京顺鑫农业股份有限公司、北京牵手果蔬饮品股份有限公司、分享收获（北京）农业发展有限公司、北京市北郎中农工贸集团、北京金路易速冻食品有限公司、北京尚世超越食品有限责任公司	
通州	79	292	东升农产豆芽、金信百灵食用菌、大运河蔬菜、傲凤乌鸡、张家湾葡萄和娇娇樱桃、西集好农夫樱桃	北京碧海圆生态农业观光有限公司、北京锦成达养殖有限公司、北京永通昌盛农业发展有限公司、北京市松海盛达养殖科技有限公司、北京麦田凤河农业科技发展有限公司、北京专平生物科技发展有限公司	通州腐乳、通州大樱桃、张家湾葡萄

附表2　北京市涉农驰名商标

序号	商标	单位	地址
1	小店	北京顺鑫农业股份有限公司	北京市顺义区站前街南侧
2	顺鑫 SHUNXIN	北京顺鑫农业股份有限公司	北京市顺义区石园西路
3	鹏程 PENGCHENG 及图	北京顺鑫农业股份有限公司鹏程食品分公司	北京顺义区南法信乡焦各庄村
4	牵手	北京顺鑫牵手果蔬饮品股份有限公司	北京市顺义区牛山镇环岛北侧路西
5	牛栏山	北京顺鑫农业股份有限公司牛栏山酒厂	北京市顺义区牛山地区办事处东侧
6	百花	北京百花蜂业科技发展有限公司	北京市北京经济技术开发区同济中路7号3号楼
7	三元 SANYUAN 及图	北京三元食品股份有限公司	北京市海淀区西三旗中路29号
8	红螺及图	北京红螺食品有限公司	北京市怀柔乡庙城乡庙城村
9	龙徽 DRAGON SEAL 及图	北京龙徽酿酒有限公司	北京市海淀区玉泉路2号
10	燕京	北京燕京啤酒集团公司	北京市顺义区城南
11	御食园	北京御食园食品有限公司	北京市怀柔区雁栖工业小区七区
12	八喜	北京艾莱发喜食品有限公司	北京市顺义区金马工业区
13	长城牌 GREATWALL 及图	北方国际集团天津食品进出口有限公司	北京市东安门大街82号
14	白玉 BAIYU	北京二商希杰食品有限责任公司	北京市通州区潞城镇武兴路1号
15	中粮	中国粮油食品（集团）有限公司	北京东城区建国门内大街8号中粮广场A座7-13层
16	汇源	北京汇源饮料食品集团有限公司	北京市顺义区北小营镇府
17	峪口禽业 YUKOU POULTRY 及图	北京市华都峪口禽业有限责任公司	北京市平谷区峪口镇兴隆庄村
18	王致和 WANGZHIHE 及图	北京王致和食品集团有限公司	北京市海淀区田村
19	六必居	北京六必居食品有限公司	北京西城区北礼士路八号
20	华罗	中牧实业股份有限公司	北京市丰台科学城星火路1号
21	吴裕泰	北京吴裕泰茶业股份有限公司	北京市东城区东四北大街44号
22	全聚德	中国北京全聚德集团有限公司	北京市前门西大街14号楼
23	东来顺	北京东来顺集团有限责任公司	北京市东城区金鱼胡同16号

序号	商标	单位	地址
24	中茶及图	中国茶叶股份有限公司	北京市东城区安定门外大街 208 号
25	猴王牌 MONKEY KING 及图	中国茶叶股份有限公司	北京市安定门外大街 208 号
26	张一元	北京张一元茶叶有限责任公司	北京市西城区万明路 18 号院
27	红星及图	北京红星股份有限公司	北京市怀柔区红星路 1 号
28	平谷及图	北京市平谷区农产品产销服务中心	北京市平谷区平谷镇府前西街 19 号
29	益君	北京资源亚太食品有限公司	北京市大兴区黄村镇西磁村村委会北 350 米

资料来源：驰名商标http://www.wellknown-mark.cn/。

附表3　2018年北京市农业信息化龙头企业名单

序号	企业名称	注册地
1	北京二商集团有限责任公司	西城区
2	北京方圆平安食品开发有限公司	朝阳区
3	中视金桥文化发展（北京）有限公司	朝阳区
4	北京大北农科技集团股份有限公司	海淀区
5	北京农信通科技有限责任公司	海淀区
6	北京派得伟业科技发展有限公司	海淀区
7	北京尚农三才科技有限公司	海淀区
8	北京大伟嘉生物技术股份有限公司	海淀区
9	大用软件有限责任公司	海淀区
10	北京东颐食品厂	丰台区
11	北京智农天地网络技术有限公司	丰台区
12	北京京农控股集团有限公司	门头沟区
13	北京利民恒华农业科技有限公司	房山区
14	北京花儿朵朵花仙子农业有限公司	通州区
15	北京金福艺农农业科技集团有限公司	通州区
16	北京通州国际种业科技有限公司	通州区
17	北京金路易速冻食品有限公司	顺义区
18	北京市北郎中农工贸集团	顺义区
19	北京顺鑫控股集团有限公司	顺义区
20	北京顺鑫石门农产品批发市场有限责任公司	顺义区
21	北京百花蜂业科技发展股份公司	大兴区
22	北京金星鸭业有限公司	大兴区
23	北京礼贤奥天农业有限公司	大兴区
24	北京三元食品股份有限公司	大兴区
25	北京市美丹食品有限公司	大兴区
26	北京阿卡控股有限公司	昌平区
27	北京任我在线电子商务有限公司	昌平区
28	北京天安农业发展有限公司	昌平区
29	北京奥科美技术服务有限公司	平谷区

序号	企业名称	注册地
30	北京农众实业有限公司	平谷区
31	北京市华都峪口禽业有限责任公司	平谷区
32	北京沱沱工社生态农业股份有限公司	平谷区
33	北京鑫桃源商贸有限公司	平谷区
34	北京正大蛋业有限公司	平谷区
35	颐寿园（北京）蜂产品有限公司	怀柔区
36	北京百年栗园生态农业有限公司	密云区
37	北京高岭镇高岭屯养殖专业合作社	密云区
38	北京洪福环宇餐饮有限公司	密云区
39	北京康顺达农业科技有限公司	密云区
40	北京密农人家农业科技有限公司	密云区
41	北京金福腾科技有限公司	石景山区
42	北京农信互联科技有限公司	海淀区
43	北京屯玉种业有限责任公司	海淀区
44	北京兴农丰华科技有限公司	海淀区
45	北京中农信达信息技术有限公司	海淀区
46	北京京丰岳各庄农副产品批发市场中心	丰台区
47	北京悠乐果科技发展有限公司	丰台区
48	北京臻味坊食品有限公司	房山区
49	北京华世奥业生态科技有限公司	通州区
50	北京牵手果蔬饮品股份有限公司	顺义区
51	北京优帝鸽业有限公司	顺义区
52	顺鑫国际电子商务有限公司	顺义区
53	北京鑫莱盛农业发展有限公司	大兴区
54	北京湖西岛有机农业发展有限公司	昌平区
55	北京天润园农业发展有限公司	昌平区
56	北京京东绿谷蔬菜产销专业合作社	平谷区
57	北京林淼有机果蔬种植有限公司	平谷区
58	北京绿农兴云果品产销专业合作社	平谷区
59	北京奥金达蜂产品专业合作社	密云区

序号	企业名称	注册地
60	北京春播科技有限公司	密云区
61	北京果果香食品有限公司	密云区
62	北京金圣源生态农业有限公司	密云区
63	北京密水农家农产品产销专业合作社	密云区
64	北京世纪京纯蜂产品有限责任公司	密云区
65	北京北菜园农业科技发展有限公司	延庆区
66	北京兴业富民果蔬种植专业合作社	延庆区

数据来源：北京市农村工作委员会。

附表4 74个北京农业好品牌简况

地区	序号	品牌持有人	品牌名称	产品类型
平谷区 （7）	1	平谷区农产品产销服务中心	平谷大桃	桃
	2	北京千喜鹤食品有限公司	千喜鹤	猪肉
	3	北京槐香现代农业科技有限公司	沱沱工社	蔬菜
	4	北京市北寨红杏销售中心	北寨	红杏
	5	北京鑫桃源商贸有限公司	鑫桃源	蔬菜、水果
	6	北京京东绿谷蔬菜产销专业合作社	绿谷源	蔬菜
	7	北京元宝山果品产销专业合作社	茅山后佛见喜	梨
大兴区 （13）	1	大兴区西甜瓜产销协会	大兴西瓜	西瓜
	2	北京三元食品股份有限公司	三元食品	乳制品
	3	北京赵家场春华西甜瓜产销专业合作社	赵家场春华	蔬菜
	4	北京老宋瓜果专业合作社	宋宝森	西瓜
	5	北京庞各庄乐平农产品产销有限公司	乐苹	西瓜
	6	北京长子营昌兴种植园	孙升	梨
	7	北京绿园天星蔬菜种植专业合作社	绿园天星	蔬菜
	8	北京庞农兴农产品产销专业合作社	兴庞农	蔬菜
	9	北京安定贾尚精品种植园	贾　尚	樱桃、梨
	10	北京立征春雨农业专业合作社	立征春雨	黄瓜
	11	北京金星鸭业有限公司	金星鸭	鸭肉
	12	金珠满江农业有限公司	搜　菇	菌类
	13	北京资源亚太食品有限公司	益　君	肉制品
昌平区 （10）	1	昌平区农业服务中心	昌平草莓	草莓
	2	昌平区园林绿化局	昌平苹果	苹果
	3	北京天润园农业发展有限公司	天润园	草莓
	4	北京鑫城缘果品专业合作社	鑫城缘	草莓
	5	北京天安农业发展有限公司	小汤山	蔬菜
	6	北京海疆蘑产销专业合作社	黑山寨	栗蘑
	7	北京军都山红苹果专业合作社	军都山	苹果
	8	北京金华林养蜂专业合作社	赤萝秀	蜂蜜

地区	序号	品牌持有人	品牌名称	产品类型
昌平区（10）	9	北京圣泉农业专业合作社	红泥乐农场	蔬菜、水果、菌类
	10	北京万德园农业科技发展有限公司	万德庄园	草莓
密云区（7）	1	北京百年粟园生态农业有限公司	百年粟园	油鸡、柴鸡蛋
	2	北京利农富民葡萄种植专业合作社	天葡庄园	葡萄
	3	北京奥金达蜂产品专业合作社	花彤	蜂蜜
	4	北京市密云区农民专业合作社服务中心	密云农业	农业、畜牧业
	5	北京密农人家农业科技有限公司	密农人家	蔬菜
	6	北京奥斯云肉食品有限公司	奥斯云	畜禽产品
	7	北京京纯养蜂专业合作社	京蜜	蜂蜜
房山区（8）	1	北京首诚航天农业生物科技有限公司	首诚	菊苣加工
	2	北京泰华芦村种植专业合作社	燕都泰华	蔬菜
	3	北京卓宸畜牧有限公司	卓宸	牛肉
	4	北京燕都立农屠宰有限公司	燕都中原	猪肉
	5	北京格瑞拓普生物科技有限公司	格瑞拓普	白灵菇
	6	北京利民恒华农业科技有限公司	乐乐菇	菌类、加工农产品
	7	北京德润通农业科技发展有限公司	京一根	粉条、加工农产品
	8	北京中科天利水产科技有限公司	中科天利	水产品
顺义区（8）	1	北京绿奥蔬菜合作社	绿奥	蔬菜
	2	北京顺鑫农业股份有限公司	顺鑫农业	农业、畜牧业
	3	北京古船米业有限公司	古船	大米
	4	北京顺沿特种蔬菜基地	沿特	蔬菜
	5	北京绿富农果蔬产销专业合作社	水云天	蔬菜
	6	北京市北郎中农工贸集团	北郎中	猪肉
	7	北京龙湾巧嫂果品产销专业合作社	龙湾巧嫂	水果
	8	北京兴农鼎力种植专业合作社	兴农鼎力	蔬菜、水果
通州区（4）	1	北京金福艺农农业科技集团有限公司	金福艺农	番茄（蔬菜）
	2	北京中农富通园艺有限公司	中农富通	蔬菜、水果
	3	绿源永乐（北京）农业科技发展有限公司	呆呆鲜	杏鲍菇
	4	北京金宏帝怡园农业开发有限公司	蓝湖庄园	草莓、番茄

地区	序号	品牌持有人	品牌名称	产品类型
延庆区（7）	1	北京北菜园农业科技发展有限公司	北菜园	蔬菜
	2	北京归原生态农业发展有限公司	归原	牛奶
	3	北京德青源农业股份有限公司	德青源	鸡蛋
	4	北京绿富隆农业股份有限公司	绿富隆	蔬菜
	5	北京市延仲养鸭专业合作社	晓忠	肉鸭
	6	北京市八达岭镇里炮果品专业合作社	里炮	苹果
	7	北京前庙村葡萄专业合作社	前龙	葡萄
门头沟区（2）	1	北京维得鲜农业科技开发有限公司	维得鲜	食用菌（金针菇）
	2	北京蜂珍科技开发有限公司	蜂珍	蜂胶
怀柔区（5）	1	北京市裕农优质农产品种植公司	裕农	蔬菜
	2	北京老栗树聚源德种植专业合作社	聚源德	板栗、油栗
	3	北京市怀柔区农业发展促进会	怀柔板栗	板栗
	4	颐寿园（北京）蜂产品有限公司	颐园	蜂蜜
	5	北京张泽林板栗购销专业合作社	栗山翁	板栗
海淀区（1）	1	北京大道农业有限公司	定玉	京西稻
丰台区（2）	1	北京绿山谷芽菜有限责任公司	太子峪绿山谷	蔬菜
	2	北京新发地百舸湾农副产品物流有限责任公司	百舸湾	加工农产品
合计	74			

附表5　北京优农品牌目录

序号	申报品牌	品牌类型	所属区域	申报主体	产品种类	产品种类1	主体
1	小汤山	企业品牌	昌平区	北京天安农业发展有限公司	蔬菜	蔬菜	公司
2	黑山寨	企业品牌	昌平区	北京黑山寨果品专业合作社	栗蘑	蔬菜	合作社
3	万德庄园	企业品牌	昌平区	北京万德园农业科技发展有限公司	草莓	水果（草莓）	公司
4	鑫城缘	企业品牌	昌平区	北京鑫城缘果品专业合作社	草莓	水果（草莓）	合作社
5	赤萝秀	企业品牌	昌平区	北京金华林养蜂专业合作社	蜂产品	蜂产品	合作社
6	军都山	企业品牌	昌平区	北京军都山红苹果专业合作社	苹果	水果（苹果）	合作社
7	红泥乐农场	企业品牌	昌平区	北京圣泉农业专业合作社	蔬果	蔬果	合作社
8	天润园	企业品牌	昌平区	北京天润园草莓专业合作社	草莓	水果（草莓）	合作社
9	御享	企业品牌	昌平区	北京金惠农农业专业合作社	蔬果	蔬果	合作社
10	古韵流村农家秘制酱	产品品牌	昌平区	北京古韵流村乡村旅游开发专业合作社联合社	腌制品	调味品	合作社
11	昌平草莓	区域公用品牌	昌平区	北京市昌平区农业服务中心	草莓	区域	政府
12	昌平苹果	区域公用品牌	昌平区	北京市昌平区园林绿化局	苹果	区域	政府
13	中农春雨	企业品牌	朝阳区	中农春雨高科技股份有限公司	蔬果	蔬果	公司
14	宋宝森	企业品牌	大兴区	北京老宋瓜果专业合作社	西瓜	水果（西瓜）	合作社
15	乐苹	企业品牌	大兴区	北京庞各庄乐平农产品产销有限公司	西瓜	水果（西瓜）	公司
16	庞各庄世同	企业品牌	大兴区	北京庞安路西瓜专业合作社	西瓜	水果（西瓜）	合作社

序号	申报品牌	品牌类型	所属区域	申报主体	产品种类	产品种类1	主体
17	兴庞农	企业品牌	大兴区	北京庞农兴农产品产销专业合作社	西瓜	水果（西瓜）	合作社
18	李家巷	企业品牌	大兴区	北京李家巷西瓜产销专业合作社	西瓜	水果（西瓜）	合作社
19	宏福柿	企业品牌	大兴区	北京宏福国际农业科技有限公司	番茄	水果（番茄）	公司
20	立征春雨	企业品牌	大兴区	北京立征春雨农业专业合作社	蔬果	蔬果	合作社
21	伍各庄益农	企业品牌	大兴区	北京伍各庄益农农业专业合作社	蔬菜	蔬菜	合作社
22	赵家场春华	企业品牌	大兴区	北京赵家场春华西甜瓜产销专业合作社	蔬果	蔬果	合作社
23	北京凤河联盈	企业品牌	大兴区	北京凤河联盈农业专业合作社联合社	蔬果和畜禽	蔬果	合作社
24	贾尚	企业品牌	大兴区	北京安定贾尚种植有限公司	雪梨、樱桃、雪梨膏	水果（梨）	公司
25	盛世杰	企业品牌	大兴区	北京盛世杰农业发展有限公司	蔬果	蔬果	公司
26	四季阳坤	企业品牌	大兴区	北京四季阳坤农业科技发展有限公司	蔬果	蔬果	公司
27	益君	企业品牌	大兴区	北京资源亚太食品有限公司	猪肉	畜禽（猪）	公司
28	美丹	企业品牌	大兴区	北京市美丹食品有限公司	烘焙食品生产	加工食品	公司
29	方庄隆兴号	产品品牌	大兴区	北京隆兴号方庄酒厂有限公司	白酒	白酒	公司
30	大兴西瓜	区域公用品牌	大兴区	北京市大兴区农业技术推广站	西瓜	区域	政府
31	大兴农品	区域公用品牌	大兴区	北京市大兴区农产品产销联合会	大兴区优质农产品	区域	政府
32	燕都中原	企业品牌	房山区	北京燕都食品有限公司	集生猪屠宰、肉类加工、物流仓储配送及销售等为一体的专业厂家	畜禽（猪）	公司

序号	申报品牌	品牌类型	所属区域	申报主体	产品种类	产品种类1	主体
33	碧生源	企业品牌	房山区	北京澳特舒尔保健品开发有限公司	功能保健茶	茶叶	公司
34	南河北星	企业品牌	房山区	北京南河北星农业发展有限公司	鲜食蔬菜加工、水果沙拉、速冻食品、冷链即食食品	加工食品	公司
35	凯达恒业	企业品牌	房山区	北京凯达恒业农业技术开发有限公司	休闲薯条、果蔬脆片、冷冻薯制品加工制造	加工食品	公司
36	波龙堡酒庄	企业品牌	房山区	北京波龙堡葡萄酒业有限公司	葡萄酒	葡萄酒	公司
37	三江宏利	企业品牌	房山区	北京三江宏利牧业有限公司	北京鸭养殖、鸭苗孵化、育成饲养、活鸭回收、屠宰加工、熟食加工、产品销售	畜禽（鸭）	公司
38	天蜂奇	企业品牌	房山区	北京天蜂奇科技开发有限公司	蜂产品	蜂产品	公司
39	皇城货郎	企业品牌	房山区	北京利民恒华农业科技有限公司	御酱加工	调味品	公司
40	京农颐景园	企业品牌	房山区	北京颐景园种植专业合作社	蔬果	蔬果	合作社
41	首诚	企业品牌	房山区	北京首诚农业发展有限公司	大田蔬菜种植、仓储物流、高端蔬菜和中草药、药用真菌工厂化培育、农产品加工	综合	公司

续　表

序号	申报品牌	品牌类型	所属区域	申报主体	产品种类	产品种类1	主体
42	莱恩堡	企业品牌	房山区	北京莱恩堡葡萄酒业有限公司	葡萄酒	葡萄酒	公司
43	卓宸	企业品牌	房山区	北京卓宸畜牧有限公司	清真牛羊肉、牛羊养殖、育肥、屠宰	畜禽（牛羊）	公司
44	京一根	产品品牌	房山区	北京德润通农业科技发展有限公司	粉条加工	加工食品	公司
45	琦彩鸿	产品品牌	房山区	北京琦彩鸿农业发展有限公司	冰柿、磨盘柿加工	加工食品	公司
46	窦店益生	产品品牌	房山区	北京窦店益生清真肉业有限公司	清真牛羊肉、牛羊养殖、育肥、屠宰	畜禽（牛羊）	公司
47	蜓好	产品品牌	房山区	北京蜓好农业科技有限公司	番茄	水果（番茄）	公司
48	品品鲜杏鲍菇	产品品牌	房山区	北京永长福生物科技有限公司	食用菌	蔬菜	公司
49	世界花卉大观园	企业品牌	丰台区	北京花乡世界花卉大观园有限公司	花卉	花卉	公司
50	东颐	企业品牌	丰台区	北京东颐食品科技有限公司	面条等主食加工	加工食品	公司
51	丰度	企业品牌	海淀区	北京丰度高科种业有限公司	玉米种子	种子	公司
52	御前青玉大米	产品品牌	海淀区	北京大道农业有限公司	京西稻	大米	公司
53	知翠	产品品牌	海淀区	北京翠湖农业科技有限公司	番茄	水果（番茄）	公司
54	红螺食品	企业品牌	怀柔区	北京红螺食品有限公司	果脯蜜饯小吃	加工食品	公司
55	老栗树	企业品牌	怀柔区	北京老栗树聚源德种植专业合作社	板栗	板栗	合作社
56	颐寿园	企业品牌	怀柔区	颐寿园（北京）蜂产品有限公司	蜂产品	蜂产品	公司

序号	申报品牌	品牌类型	所属区域	申报主体	产品种类	产品种类1	主体
57	御食园	企业品牌	怀柔区	北京御食园食品股份有限公司	京味特色食品和健康休闲食品	加工食品	公司
58	富亿农	企业品牌	怀柔区	北京富亿农板栗有限公司	板栗、甘薯零食产品	加工食品	公司
59	绿手	产品品牌	怀柔区	北京三山蔬菜产销专业合作社	蔬果	蔬果	合作社
60	栗山翁	产品品牌	怀柔区	北京张泽林板栗购销专业合作社	板栗	板栗	合作社
61	汤河甜薯	产品品牌	怀柔区	汤河惠农农机专业合作社	红薯	红薯	合作社
62	健士牌	产品品牌	怀柔区	北京西餐食品有限公司	西式肉制品、中式肉制品、清真产品、高端水产品	畜禽	公司
63	怀柔板栗	区域公用品牌	怀柔区	北京市怀柔区农业农村局	板栗	区域	政府
64	拇指姑娘	企业品牌	门头沟区	北京清水云峰果业有限公司	奇异莓	水果(奇异莓)	公司
65	灵之秀	企业品牌	门头沟区	北京灵之秀文化发展有限公司	灵之秀黄芩茶	茶叶	公司
66	泗家水	产品品牌	门头沟区	北京泗家水香椿种植专业合作社	泗家水红头香椿	香椿	合作社
67	太子慕	产品品牌	门头沟区	北京太子墓村苹果种植专业合作社	苹果	水果(苹果)	合作社
68	妙峰咯吱	产品品牌	门头沟区	北京百旺创新种植专业合作社	粗粮细作	杂粮	合作社
69	妙峰山玫瑰	产品品牌	门头沟区	北京市门头沟区妙峰山镇人民政府	玫瑰产品	玫瑰产品	政府
70	灵山绿产	区域公用品牌	门头沟区	北京灵山绿产商贸有限公司	沙棘饮料	区域	公司
71	天葡庄园	企业品牌	密云区	北京利农富民葡萄种植专业合作社	葡萄酒	葡萄酒	合作社
72	凯诚	企业品牌	密云区	北京诚凯成柴鸡养殖专业合作社	养殖北京油鸡	畜禽(鸡)	合作社

续　表

序号	申报品牌	品牌类型	所属区域	申报主体	产品种类	产品种类1	主体
73	金地达源	企业品牌	密云区	北京金地达源果品专业合作社	苹果、红薯、杏、核桃、板栗农业观光采摘园	水果	合作社
74	新宇阳光	企业品牌	密云区	北京新宇阳光农副产品产销专业合作社	杂粮、水库鱼、柴鸡蛋、香油；农副产品产销专业合作社	综合	合作社
75	密农人家	企业品牌	密云区	北京密农人家农业科技有限公司	水库鱼、生态菜、树熟果等	综合	公司
76	密水农家	企业品牌	密云区	北京密水农家农产品产销专业合作社	蔬果、畜禽、水产等	综合	合作社
77	喜逢春雨	企业品牌	密云区	北京喜逢春雨农业科技发展有限公司	蔬菜净菜加工	蔬菜	公司
78	万谷食美	企业品牌	密云区	北京金禾绿源农业科技有限公司	杂粮	杂粮	公司
79	奥斯云	企业品牌	密云区	北京奥斯云肉食品有限公司	家禽鸡	畜禽（鸡）	公司
80	极星农业	企业品牌	密云区	北京极星农业有限公司	蔬果	蔬果	公司
81	泰民同丰	产品品牌	密云区	北京泰民同丰农业科技有限公司	蔬果	蔬果	公司
82	云艺古坊枕	产品品牌	密云区	北京山缘民间传统手工艺品有限公司	非遗	手工艺品	公司
83	花彤牌	产品品牌	密云区	北京奥金达农业科技发展有限公司	蜂产品	蜂产品	公司
84	潮河果品	产品品牌	密云区	北京庄头峪潮河果品专业合作社	红香酥梨	水果（梨）	合作社
85	密之蓝天	产品品牌	密云区	北京潼玉华硕农产品产销专业合作社	密云本地自产优质农产品	综合	合作社

序号	申报品牌	品牌类型	所属区域	申报主体	产品种类	产品种类1	主体
86	檀洲	产品品牌	密云区	北京密鑫农业发展有限公司	新鲜蔬菜、新鲜水果、生鲜类、粮油类等农副产品	综合	公司
87	奥仪青源	产品品牌	密云区	北京奥仪凯源蔬菜种植专业合作社	蔬果（草莓、番茄）	蔬果	合作社
88	京密	产品品牌	密云区	北京京纯养蜂专业合作社	蜂产品	蜂产品	合作社
89	墨粟	产品品牌	密云区	北京健农特色农产品种植专业合作社	黑色杂粮产品	杂粮	合作社
90	密云农业	区域公用品牌	密云区	北京市密云区农业农村局	密云本地自产优质农产品	区域	政府
91	甜·那溪	企业品牌	平谷区	北京金果丰果品产销专业合作社	有机桃产品	水果（桃）	合作社
92	康安利丰	企业品牌	平谷区	北京康安利丰农业有限公司	蔬菜种植、加工、配送	蔬菜	公司
93	千喜鹤	企业品牌	平谷区	北京千喜鹤食品有限公司	冷鲜猪肉	畜禽（猪）	公司
94	鑫桃园	企业品牌	平谷区	北京鑫桃源商贸有限公司	桃、榛子、柿子、黑枣、梨、樱桃、红杏	水果	公司
95	绿农兴云	企业品牌	平谷区	北京绿农兴云果品产销专业合作社	桃、桃颜汁己	水果（桃）	合作社
96	京绿谷源	企业品牌	平谷区	北京京东绿谷蔬菜产销专业合作社	蔬果	蔬果	合作社
97	林森	企业品牌	平谷区	北京林淼有机果蔬种植有限公司	樱桃	水果（樱桃）	公司
98	味食源	企业品牌	平谷区	北京味食源食品科技有限责任公司	食品香味料、调味品研发、生产、销售	调味品	公司
99	绿养道	企业品牌	平谷区	北京绿养道农产品产销专业合作社	桃	水果（桃）	合作社

序号	申报品牌	品牌类型	所属区域	申报主体	产品种类	产品种类1	主体
100	益达丰	企业品牌	平谷区	北京益达丰果蔬产销专业合作社	蔬果	蔬果	合作社
101	沱沱工社	企业品牌	平谷区	北京沱沱工社生态农业股份有限公司	有机蔬菜	蔬菜	公司
102	思玛特宝乐	企业品牌	平谷区	思玛特（北京）食品有限公司	肉鸡	畜禽（鸡）	公司
103	北寨	产品品牌	平谷区	北京市北寨红杏销售中心	红杏	水果（红杏）	合作社
104	金海湖	产品品牌	平谷区	北京野馨科技发展有限公司	蜂产品	蜂产品	公司
105	屈海全	产品品牌	平谷区	北京市夏各庄田丰果品产销专业合作社	桃	水果（桃）	合作社
106	茅山后佛见喜梨	产品品牌	平谷区	北京元宝山果品产销专业合作社	佛见喜梨	水果（梨）	合作社
107	蜜多邦六选桃	产品品牌	平谷区	北京互联农业发展有限责任公司	桃	水果（桃）	公司
108	平谷大桃	区域公用品牌	平谷区	北京市平谷区农产品销售服务中心	桃	区域	政府
109	古船（大米）	企业品牌	顺义区	北京古船米业有限公司	大米	大米	公司
110	古船（杂粮）	企业品牌	丰台区	北京京粮东方粮油贸易有限公司	杂粮	杂粮	公司
111	裕农	企业品牌	怀柔区	北京市裕农优质农产品种植有限公司	鲜切蔬菜	蔬菜	公司
112	王致和	企业品牌	海淀区	北京二商王致和食品有限公司	腐乳、料酒、黄豆酱、火锅调料、香油、芝麻酱、辣椒酱	调味品	公司
113	峪口禽业	企业品牌	平谷区	北京市华都峪口禽业有限责任公司	蛋鸡等家禽	畜禽（鸡）	公司
114	BBSC	企业品牌	海淀区	北京养猪育种中心	养猪育种	种猪	公司
115	华都食品	企业品牌	房山区	河北滦平华都食品有限公司	鸡肉食品	畜禽（鸡）	公司

序号	申报品牌	品牌类型	所属区域	申报主体	产品种类	产品种类1	主体
116	月盛斋	企业品牌	丰台区	北京月盛斋清真食品有限公司	清真肉食品	畜禽（牛羊）	公司
117	金星鸭业	企业品牌	大兴区	北京金星鸭业有限公司	北京鸭	畜禽（鸭）	公司
118	京华	企业品牌	西城区	北京二商京华茶业有限公司	茉莉花茶	茶叶	公司
119	南郊农场	企业品牌	房山区	北京市南郊农场有限公司	蔬果	蔬果	公司
120	北水	企业品牌	丰台区	北京水产集团有限公司	水产品	水产品	公司
121	黑六	企业品牌	昌平区	北京黑六牧业科技有限公司	黑猪肉	畜禽（猪）	公司
122	天谷	产品品牌	丰台区	北京京粮东方粮油贸易有限公司	大米	大米	公司
123	大红门	产品品牌	丰台区	北京二商肉类食品集团有限公司	生猪养殖、生猪屠宰、肉制品、清真牛羊肉、国际贸易、肉食供应链	畜禽	公司
124	北京鸭	区域公用品牌	丰台区	北京首农食品集团有限公司	北京鸭	区域	公司
125	顺鑫控股	企业品牌	顺义区	顺鑫控股集团	白酒、肉食、种业、饮料	综合	公司
126	食为先	企业品牌	顺义区	北京食为先生态农业园有限责任公司	蔬果	蔬果	公司
127	顺民义	企业品牌	顺义区	北京通顺康泰农业有限公司	北京油鸡蛋	畜禽（鸡）	公司
128	硒全食美	企业品牌	顺义区	北京优帝鸽业有限公司	肉鸽	畜禽（鸽）	公司
129	兴农鼎力	企业品牌	顺义区	北京兴农鼎力种植专业合作社	蔬果	蔬果	合作社
130	永顺华	企业品牌	顺义区	北京永顺华蔬菜种植有限公司	蔬菜	蔬菜	公司
131	华顺源	企业品牌	顺义区	北京顺鑫华顺源农业科技发展有限公司	豆芽	蔬菜	公司
132	顺鑫鑫源	企业品牌	顺义区	北京顺鑫鑫源食品集团有限公司	肉牛	畜禽	公司

序号	申报品牌	品牌类型	所属区域	申报主体	产品种类	产品种类1	主体
133	鑫双河	企业品牌	顺义区	北京市双河果园	水果	水果	公司
134	北郎中	企业品牌	顺义区	北京市北郎中农工贸集团	农产品加工	加工食品	公司
135	purelife	企业品牌	顺义区	北京纯然生态科技有限公司	有机蔬菜	蔬菜	公司
136	分享收获	企业品牌	顺义区	分享收获（北京）农业发展有限公司	蔬果	蔬果	公司
137	地之源	企业品牌	顺义区	北京地源遂航农业发展有限公司	蔬果及其加工品	蔬果	公司
138	恒慧	企业品牌	顺义区	北京市恒慧通肉类食品有限公司	西式灌肠类、酱卤类、熏烧烤类肉制品	畜禽	公司
139	木林绿富农	企业品牌	顺义区	北京绿富农果蔬产销专业合作社	蔬果	蔬果	合作社
140	沿特	产品品牌	顺义区	北京顺沿特种蔬菜基地	优质特种蔬菜、西甜瓜	蔬菜	公司
141	鹏程	产品品牌	顺义区	北京顺鑫农业股份有限公司鹏程食品分公司	种猪繁育、生猪养殖、屠宰加工、肉制品深加工	畜禽（猪）	公司
142	顺丽鑫	产品品牌	顺义区	北京顺丽鑫园林绿化工程有限责任公司	樱桃观光采摘园	水果	公司
143	硕丰磊	产品品牌	顺义区	北京硕丰磊白山药产销专业合作社	生产加工小麦、玉米、黑花生、白山药、高粱、杂粮等农产品	加工食品	合作社
144	水云天	产品品牌	顺义区	北京绿富农果蔬产销专业合作社	蔬果	蔬果	合作社
145	绿奥	产品品牌	顺义区	北京绿奥蔬菜合作社	蔬菜	蔬菜	合作社

序号	申报品牌	品牌类型	所属区域	申报主体	产品种类	产品种类1	主体
146	益婷	产品品牌	顺义区	北京神农天地农业科技有限公司	蔬菜种植、冷储加工，科技推广，科普教育	蔬果	公司
147	草帽公社	产品品牌	顺义区	北京草帽人家农业科技有限公司	蔬果	蔬果	公司
148	老兵农场	产品品牌	顺义区	北京市杰海农业科技发展有限公司	蔬果	蔬果	公司
149	前鲁	产品品牌	顺义区	北京箭杆河边农业科技发展专业合作社	大米	大米	合作社
150	福来芽	产品品牌	顺义区	北京中禾清雅芽菜生产有限公司	芽苗菜	蔬菜	公司
151	龙湾巧嫂	产品品牌	顺义区	北京龙湾巧嫂果品产销专业合作社	蔬果	蔬果	合作社
152	欧菲伯格葡萄酒	产品品牌	顺义区	北京欧菲堡酒庄有限公司	葡萄酒	葡萄酒	公司
153	掌鲜食品	产品品牌	顺义区	北京顺鑫农业股份有限公司创新食品分公司	食汤酱汁产品、速冻产品、酱卤肉产品	加工食品	公司
154	葫芦牛火绘葫芦	产品品牌	顺义区	北京吉祥八宝葫芦手工艺品产销专业合作社	葫芦手工艺品	手工艺品	合作社
155	小店	产品品牌	顺义区	北京顺鑫农业股份有限公司小店畜禽良种场	种猪	种猪	公司
156	富通大潮来	企业品牌	通州区	北京中农富通园艺有限公司	蔬菜育苗	蔬菜育苗	公司
157	聚牧源	企业品牌	通州区	北京聚牧源农业专业合作社	蔬果	蔬果	合作社
158	第五季	企业品牌	通州区	北京龙水凤港生态农场股份有限公司	树熟香蕉、水果鱼、北京油鸡蛋	综合	公司
159	绿蜻蜓	企业品牌	通州区	北京绿蜻蜓特色果蔬产销专业合作社	蔬果	蔬果	合作社

序号	申报品牌	品牌类型	所属区域	申报主体	产品种类	产品种类1	主体
160	后元化蔬果	产品品牌	通州区	北京洪信利友商贸有限公司	蔬果	蔬果	公司
161	绿富隆	企业品牌	延庆区	北京绿富隆农业科技发展有限公司	有机蔬菜、净菜加工	蔬菜	公司
162	北菜园	企业品牌	延庆区	北京北菜园农业科技发展有限公司	有机蔬菜	蔬菜	公司
163	五福兴农	企业品牌	延庆区	北京五福兴农种植农民专业合作社联合社	果品、蔬菜、花卉、五谷杂粮、蛋类、中草药、苗木	综合	合作社
164	妫川源	企业品牌	延庆区	北京王木营蔬菜种植专业合作社	蔬菜	蔬菜	合作社
165	德青源	企业品牌	延庆区	北京德青源农业科技股份有限公司	鸡蛋	畜禽（鸡）	公司
166	茂源广发	企业品牌	延庆区	北京茂源广发农业发展有限公司	蔬菜育苗、盆景蔬菜培育、黑猪	综合	公司
167	京农绿惠	产品品牌	延庆区	北京绿惠种植专业合作社	蔬菜	蔬菜	合作社
168	金粟丰润	产品品牌	延庆区	北京金粟种植专业合作社	有机葡萄	水果（葡萄）	合作社
169	前龙	产品品牌	延庆区	北京市前庙村葡萄专业合作社	有机葡萄	水果（葡萄）	合作社
170	妫河谷	产品品牌	延庆区	北京绿野地葡萄种植专业合作社	葡萄	水果（葡萄）	合作社
171	Le voyage乐航	产品品牌	延庆区	延续（北京）禽业养殖有限责任公司	鸭肥肝以及法式鸭肉系列	畜禽（鸭）	公司
172	归原	产品品牌	延庆区	北京归原生态农业发展有限公司	有机牛奶	畜禽	公司
173	龙海源草莓	产品品牌	延庆区	北京龙海源农业种植专业合作社	草莓	水果（草莓）	合作社
174	妫水农耕	区域公用品牌	延庆区	北京绿富隆农业科技发展有限公司	有机果品、有机蔬菜、有机畜牧、有机杂粮、花卉园艺	区域	公司